Erika Kern

Die Zeit meiner Stoßgebete

Eine Mutter erzählt

VERLAG GIESSEN · BASEL

Rechtenachweis für das abgedruckte Lied
„Gott zeigt mir den Weg", S. 208:
Originaltitel: God Will Make A Way, Text und Musik:
Don Moen, deutscher Text: Gerhard Schnitter, Ute Orth,
© 1990 Integrity's Hosanna! Music, für D, A, CH:
Gerth Medien Musikverlag, Asslar

© Brunnen Verlag Gießen 2008
www.brunnen-verlag.de
Umschlagfoto: Jupiterimages, München
Umschlaggestaltung: Sabine Schweda
Satz: DTP Brunnen
Druck: Ebner und Spiegel, Ulm
ISBN 978-3-7655-4016-5

Inhalt

Warum ich dieses Buch geschrieben habe	5
1. Polizei	11
2. Nervenbündel	35
3. Wunschkinder	64
4. Zeitbombe	74
5. In die Enge getrieben	103
6. Loslassen	126
7. Wachstumsschmerzen	148
8. Alte Träume	167
9. Perlen	196
Anhang	213

Warum ich dieses Buch geschrieben habe

Auslöser für dieses Buch war unser eigener familiärer „Supergau". Langsam, über Jahre hinweg, hatten sich Probleme mit unseren Kindern zu einem riesigen Berg vor meinen Augen aufgebaut. Zwischendurch hatte sich die Lage dann etwas entspannt, aber irgendwie lebte ich in einer wachsamen Haltung, nach dem Motto: Wann kommt der nächste Hammer? Mein Mann dagegen behielt mit wenigen Ausnahmen in all den Jahren seine Ruhe und Gelassenheit.

Gerade als wir dachten, alles läuft wieder einigermaßen ruhig mit unseren Kindern, kam die Nachricht der Polizei, die uns den Boden unter den Füßen wegzog: Einer unserer Söhne sollte mehrere Straftaten begangen haben!

Wut, Verzweiflung und Schmerz breiteten sich gleichzeitig in meinem Herzen aus, aber auch die vage Hoffnung, dass alles nur ein Missverständnis war. Leider erfüllte sich diese Hoffnung nicht, es war ja auch nicht das erste Mal, dass so etwas in unserer Familie passierte. In der Vergangenheit hatten wir mit unseren pubertierenden Kindern schon mehrmals solche „Störfälle" erlebt.

Straffällig gewordene Kinder (egal, mit welcher Straftat), gewalttätige Kinder, Kinder, die sich in der Pubertät negativ verändern, Kinder, die in Sekten oder Okkultismus abwandern, und ihre Eltern sind gleichzeitig Tagesgespräch wie Tabuthema in unserem Land.

Tagesgespräch, weil jeder *über* diese Kinder und ihre

Eltern redet, aber nicht *mit* ihnen. Man redet hinter vorgehaltener Hand und zeigt mit Fingern auf sie.

Tabuthema, weil die Eltern zum größten Teil nicht verstehen, was hier mit ihnen und ihren Kindern passiert, und sie sich am liebsten ins nächste „Mauseloch" verkriechen möchten. Die meisten Eltern kennen ja die allgemeine Meinung: Wenn das Kind missrät, sind natürlich die Eltern mit ihrer Erziehung schuld. Die Eltern haben versagt! Ich habe gelernt: Auch Kinder haben einen eigenen Willen und treffen ihre eigenen Entscheidungen – gute oder schlechte. Das gilt ebenso für Kinder, die in christlichen Familien aufwachsen. Vielleicht sind die Schmerzen dieser Eltern noch intensiver, da ihre Ansprüche an ihre Erziehung oft noch höher sind; ihnen tut es dann umso mehr weh, wenn sie sehen, dass ihre Kinder zerstörerische Wege einschlagen.

Der Schmerz dieser Eltern bleibt oft unausgesprochen, da sie sich schämen. Gespräche über das Erlebte sind aber sehr wichtig. Leider ziehen sich meist die Eltern selbst, aber auch manche Freunde und Bekannte in dieser Zeit hilf- und ratlos zurück. Man versucht, ein Deckmäntelchen des Schweigens über die ganze Sache zu legen, in der Hoffnung, dass die Zeit die Wunden heilt und niemand erfährt, was eigentlich passiert ist.

Welch ein Irrtum! Wie ein Lauffeuer breiten sich solche Neuigkeiten in Nachbarschaft und Freundeskreis aus.

Wir haben in unserer Situation erfahren, dass es Hilfen gibt und dass wir nicht die einzigen Eltern sind, deren Kinder schlechte Wege einschlagen. Ich möchte betroffenen Eltern mit der Schilderung unserer Erfahrungen Mut machen: Sie sind als Eltern nicht allein. Andere Eltern haben Ähnliches durchlebt und überlebt, und nicht nur das: Es ist sogar möglich, gestärkt und mit neuen Perspektiven aus diesen Situationen herauszukommen, denn Gott ist auch noch da. Er zeigt uns in solchen ausweglos erscheinenden Lagen einen Weg und gibt Hilfe und Trost, um diesen Weg zu gehen. Auch für unsere eigene Gesundheit und unser Wohlergehen ist es entscheidend wichtig, dass wir als Eltern die massiven Schwierigkeiten nicht verdrängen, sondern auf gute Weise verarbeiten.

Bestimmt kennen Sie diese Situation auch: Sie sitzen irgendwo im Garten oder in einer kuscheligen Ecke Ihrer Wohnung und entspannen einfach nur. Sie möchten eigentlich an gar nichts Bestimmtes denken. Sie erfreuen sich an der Stille oder am Gesang der Vögel, trinken vielleicht genüsslich eine Tasse Tee oder Kaffee oder hören leise Musik und lassen die Seele baumeln.

Plötzlich, wie ein Blitz aus heiterem Himmel, steht eine Situation vor Ihrem geistigen Auge, die Sie doch aus Ihren Gedanken und Ihrem Leben verbannen wollten, und Sie denken: *O nein, bitte nicht jetzt, ich will nicht mehr darüber nachdenken.* Doch Sie können sich nicht dagegen wehren, und wie ein Film spielen sich jetzt vergangene Begebenheiten wieder vor Ihrem inneren Auge ab. Sie können diese Gedanken einfach nicht stoppen. Sie überfallen Sie und lassen Ihnen keine Ruhe. Ihnen wird klar, dass Sie sich damit auseinandersetzen müssen. Früher oder später müssen Sie das Geschehene aufarbeiten.

Diese Gedanken an vergangene Ereignisse können uns krank machen und zerstören, wenn wir uns nicht mit ihnen beschäftigen und sie bearbeiten. Sie können uns aber auch helfen und uns eine Richtung weisen, wenn wir sie zulassen. Mir haben sie geholfen, längst vergangene Verletzungen aufzudecken und zu verarbeiten. Es war ein weiter Weg bis dahin, wo ich heute stehe, und ich bin noch nicht am Ende angelangt. Ich bin nicht alleine auf diesem Weg: Mein Mann, meine Kinder, meine Freunde, Menschen, die für uns gebetet haben, Gott, mein Vater, und mein Herr Jesus Christus begleiten mich.

In unserem Fall habe ich selbst erfahren, wie Gott durch das Erlebte alte Verletzungen aus meiner Kindheit wieder ans Tageslicht gebracht und geheilt hat. Stück für Stück, ganz langsam und behutsam hat Gott Dinge aus meiner Vergangenheit wieder hervorgeholt, und ich konnte sie in der Seelsorge bearbeiten. Geheilt und neu gestärkt, aber auch verändert bin ich aus all dem Schmerz wieder herausgekommen.

Doch nicht nur das – ich habe in dieser Zeit auch gelernt, ganz anders als bisher Gottes Verheißungen für mein Leben und das Leben meiner Kinder in Anspruch zu nehmen. Früher las ich die Zusagen, die Gott mir gab, wusste aber nicht, wie man sie für sich anwendet. Oft fehlte mir auch die Kraft, sie für die jeweilige Situation für mich in Anspruch zu nehmen, und genauso oft vergaß ich sie einfach. In der Zeit der Not habe ich dann gelernt, was es bedeutet, sich auf Gottes Zusagen zu stützen.

Wo Menschen sich von mir zurückziehen und ich von ihnen keine Hilfe erwarten kann, ist Gott immer noch da und streckt mir seine Hand entgegen. Er allein weiß, welche Hilfe ich brauche, und er hat sich in seiner Liebe schon lange einen guten Weg für mich ausgedacht, den ich gehen kann. Es ist sein bester Weg für mich. Er hat mir aber auch durch seine Verheißungen in meiner Not immer wieder Mut zugesprochen, damit ich nicht aufgab und bitter wurde, ja dass ich sogar gelassen an Dinge herantreten konnte.

Gott sieht ja das ganze Bild meines Lebens und das meiner Kinder vor sich, während ich immer nur einen kleinen Ausschnitt davon vor Augen habe. Er allein kann auch krumme Wege wieder gerade machen. In meinem Leben hat er das schon oft getan. Ich bin mir sicher, dass er das auch im Leben meiner Kinder tun kann. Schon jetzt sehe ich die Anfänge der Veränderung.

Während ich die Geschichte von unseren Kindern und mir niedergeschrieben habe, sind mir die vielen kleinen Dinge wieder neu bewusst geworden, die schon fast in Vergessenheit geraten waren. Auch wenn ich oft das Gefühl hatte, dass Gott uns alleingelassen hat, kann ich jetzt im Nachhinein sehen: Er war bei uns, jeden Augenblick und jede Stunde, auch in der dunkelsten. Als ich dachte, dass es keinen Ausweg mehr gibt, hat er die Fäden immer noch in der Hand gehalten, uns beschützt und geführt und mir durch sein Wort Mut gemacht.

Es ist erstaunlich, was wir erleben, wenn wir uns ganz der Führung dieses liebenden Gottes anvertrauen. Das haben wir in unserer Familie erfahren, und das ist der Grund, warum ich die Geschichte von meinen Kindern und mir aufgeschrieben habe.

Zum Schutz unserer Familie habe ich unsere Namen in diesem Buch geändert. Manche Geschehnisse habe ich zum besseren Verständnis zusammengefasst.

1. Polizei

Es war ein herrlicher Frühsommertag. Nach dem Mittagessen wollte ich so wie jeden Nachmittag einfach ein wenig zur Ruhe kommen. Ich räumte noch schnell den Tisch ab und schob die letzten Teller in die Spülmaschine. So, das war erledigt. Die Kinder saßen in ihren Zimmern und machten Hausaufgaben. Das war jetzt meine Zeit der Ruhe, und unsere Kinder wussten, dass Mama nicht gestört werden wollte. An diesem Tag legte ich mich nicht ins Wohnzimmer auf die Couch, sondern beschloss, mich an meinen Lieblingsplatz im Garten zu setzen.

Dort, bei unserem kleinen Teich, standen zwei Gartenstühle und ein Tischchen, und ich konnte es mir im Halbschatten des Kirschbaums gemütlich machen. Ich nahm ein Buch und eine Tasse Tee mit, setzte mich auf einen der Gartenstühle, legte meine Beine hoch auf den anderen Stuhl und genoss die Ruhe des Gartens. Hier würde mich niemand stören, und ich konnte die Fische im Teich beobachten, die scheinbar schwerelos durchs Wasser glitten. Wie beruhigend es doch war, ihnen zuzuschauen.

Die Libellen sausten wie kleine Hubschrauber immer wieder über das Wasser und an mir vorüber. In einem Busch direkt neben mir flatterte eine kleine Blaumeise zum Nistkasten, um ihre Brut zu füttern. Eine Gruppe Spatzen planschte lautstark in dem Bachlauf, der zum Teich führt.

Das Spiel der Natur nahm mich so gefangen, dass ich

mein Buch völlig vergaß. Ich gab mich ganz diesem Schauspiel hin, das sich mir bot, und griff gedankenverloren zu meiner Teetasse, als es plötzlich wie ein Blitz durch meine Gedanken fuhr:

Vor meinem inneren Auge sah ich den Polizisten wieder, wie er vor unserer Haustür stand. Szenen, die ich vor wenigen Monaten erlebt hatte, spielten sich erneut in meinen Gedanken ab. Was war passiert?

Mittags klingelte es an unserer Haustür, und als ich öffnete, stand ein Polizist vor mir. Mein Mann hatte unmittelbar zuvor das Haus verlassen, um wieder mit dem Fahrrad zur Arbeit zu fahren. Nun war ich allein zu Hause, die Kinder waren alle unterwegs, und ich freute mich schon auf einen ruhigen Nachmittag.

„Frau Kern, ich komme wegen Ihrem Sohn Marc", waren die Worte, die mich wie ein Peitschenhieb trafen.

O nein, was ist denn nun schon wieder los? Was hat Marc denn angestellt?, war sofort mein Gedanke.

„Ihr Sohn steht im Verdacht, bei verschiedenen Autos die Embleme abgebrochen und gestohlen zu haben. Es liegen einige Anzeigen gegen ihn vor, und ich hätte ihn gerne gesprochen", fuhr der Polizeibeamte fort. In diesem Moment kam mein Mann zurück. Er hatte gesehen, wie das Polizeiauto in unsere Hofeinfahrt fuhr, und war sofort umgekehrt, um zu hören, was passiert war. Marc war an diesem Tag in einer anderen Stadt, um eine Freundin zu besuchen.

„Es tut mir leid", sagte ich, „aber Marc ist nicht zu Hause. Er wird erst heute Abend wieder zurück sein."

Fassungslos baten wir den Polizisten in unser Wohnzimmer. Wir konnten nicht glauben, was wir nun hörten: Mehrere Anzeigen lagen gegen ihn vor. Er sollte in unserem Dorf und im Nachbarort hauptsächlich Mercedessterne, aber auch Embleme anderer Fahrzeugtypen von geparkten Autos abgebrochen und gestohlen haben. „Im örtlichen Jugendraum", so der Polizist, „hat er damit geprahlt, dass er die Embleme zu Hause in Lautsprecherboxen versteckt hat. Kann ich mich einmal in seinem Zimmer umschauen, oder soll ich mit einem Durchsuchungsbefehl wiederkommen?"

Wir waren sprachlos. Ja, Marc war in den letzten Monaten oft unausstehlich gewesen, und sein Kontakt zu manchen Freunden war uns ein Dorn im Auge, aber so etwas würde er doch nicht tun! Und im Jugendraum in unserm Bürgerhaus war er doch nie, wie sollte er dann dort mit dieser Tat geprahlt haben? Es schien einfach nichts zu passen.

„Natürlich können Sie in seinem Zimmer nachschauen", antwortete mein Mann, „aber ich glaube kaum, dass Sie da etwas finden. Ich kann mir nicht vorstellen, dass Marc an fremden Autos etwas abmacht." Wir gingen mit ihm nach oben in Marcs Zimmer, und er schaute sich um. Der Polizist öffnete Marcs Lautsprecherboxen, durchsuchte seinen Schrank und schaute unter seinem Bett nach, aber er fand nichts.

Ich war erleichtert.

„Bitte reden Sie mit Ihrem Sohn darüber, und melden Sie sich dann bitte wieder bei mir", bat uns der Polizist.

„Wir werden das mit Marc abklären und melden uns wieder bei Ihnen", versprachen wir ihm.

„Ich gebe Ihnen Zeit bis Montagmorgen. Da kommen Sie bitte mit Ihrem Sohn zu mir aufs Revier", entgegnete der Polizist und verabschiedete sich.

Ich brachte ihn zur Tür und ging wieder ins Wohnzimmer.

Fassungslos schauten mein Mann und ich uns an. „Das glaube ich einfach nicht!", sagte ich.

„Ich kann das zwar auch nicht glauben, aber schau bitte trotzdem noch einmal in Marcs Zimmer nach, vielleicht findest du ja doch noch etwas. Ich muss mich jetzt beeilen, damit ich noch pünktlich zur Arbeit auf die Station komme. Wir reden heute Abend in Ruhe darüber. Mal sehen, was Marc dazu zu sagen hat", meinte mein Mann und nahm mich in den Arm. „Kopf hoch, es wird schon nicht so schlimm sein. Reg dich nicht so sehr auf, es wird sich schon alles aufklären." Er küsste mich und fuhr wieder los.

Jetzt war ich allein. Allein mit meinen Gedanken, meinem Schmerz, meinem Zorn, meinem Nichtverstehen. Immer wieder dachte ich: *Das kann nicht sein, nicht er.* Ich konnte mir nicht vorstellen, dass er sich einfach am Eigentum anderer Leute vergriff.

Ich war mir so sicher, dass Marc so etwas nie tun würde. Unsere beiden großen Söhne, ja, die hatten viel angestellt. Marc nannten wir in unserer Familie liebevoll den „Professor". Er war ruhig und ausgeglichen und beschäftigte sich schon als kleines Kind lieber mit sich selber, als mit anderen Kindern zu spielen. Ständig bastelte er an irgendetwas herum, er liebte die Natur und Bergtouren.

Schon sehr früh hatte er angefangen, Handball zu spielen, und war bald der beste Spieler seiner Mannschaft im

Nachbarort. Später wechselte er den Verein und spielte in einem anderen Ort. Selbst seine großen Brüder schauten bewundernd zu ihm auf. Er war ein Naturtalent, und Handball war sein Ein und Alles.

Nach seiner Grundschulzeit ging er ab der fünften Klasse aufs Gymnasium. Nur selten verstand er etwas nicht und fragte uns. Er machte seine Arbeit für die Schule und auch zu Hause immer sorgfältig und ganz selbstständig. In unserer freikirchlichen Gemeinde fühlte er sich wohl und war in Glaubensdingen immer sehr aufgeschlossen. Sein fröhliches Wesen war wohltuend. Wenn er lächelte, strahlte sein ganzes Gesicht, und seine Grübchen kamen zum Vorschein. Oft legte er lächelnd seinen Kopf an meine Schulter, und als er langsam größer wurde als ich, nannte er mich grinsend „meine kleine Mama".

Ein Freund brachte ihn dann mit vierzehn auf den Geschmack, BMX-Rad zu fahren. Er kaufte sich so ein Rad und fuhr, so oft er konnte, in den Nachbarort auf eine Rampe, um zu üben. Geschickt, wie er war, konnte er uns bald verschiedene Kunststücke vorführen. Hier lernte er neue Freunde kennen, und nach und nach merkten wir, wie sich unser Sohn veränderte.

Wir suchten das Gespräch mit ihm, aber er verschloss sich zusehends. Auch sein gewinnendes Lächeln verschwand immer mehr, und er wurde mürrischer. Während der Woche hatte er keine Zeit zum Radfahren, da ihn die Schule und sein Handballtraining voll in Anspruch nahmen. An den Wochenenden aber war Marc, wenn er keine Handballspiele hatte, meist bei seinem Freund im Nachbarort.

Wir kannten die Eltern dieses Jungen, und so hatten wir Vertrauen, dass er dort gut aufgehoben war, auch wenn wir das Verhalten des Freundes nicht sehr positiv fanden. Ja, wir hatten zunehmend die Befürchtung, dass der Junge einen negativen Einfluss auf Marc haben könnte.

In der Schule sackten Marcs Leistungen in dieser Zeit stark ab; er beteiligte sich kaum noch am Unterricht und machte auch seine Hausaufgaben nur noch unregelmäßig. Er ging sogar so weit, dass er die Schule verlassen wollte, um bei seinem Freund auf der Realschule zu sein. Auch bei seinem Freund machten die Schulnoten einen starken Knick nach unten, und er blieb sitzen.

Als wir Marc klarmachten, dass er, wenn er die Schule verließ, jetzt sowieso nicht zu seinem Freund in die Klasse kommen würde, begriff er, wie dumm sein Verhalten war. Wir suchten auch das Gespräch mit seinem Freund und dessen Eltern und setzten den beiden Jungen klare Grenzen. Gleichzeitig beteten wir für unseren Sohn um Einsicht und baten in dieser Zeit auch einige Freunde und Bekannte, für uns und Marc zu beten, da wir spürten, dass wir hier Hilfe von oben brauchten.

Was passiert hier mit uns?, fragte ich mich, als ich nun allein in unserem Haus stand. Ich war völlig kopflos und lief zitternd nach oben in Marcs Zimmer, um nach diesen Mercedessternen zu suchen. In allen möglichen Ecken schaute ich nach, vielleicht hatte der Polizist ja etwas übersehen. Ich durchsuchte die Schränke und Taschen noch einmal, aber vergebens. Selbst seine Lautsprecherboxen öffnete ich noch einmal mit dem Schraubenzieher. Ich durchsuchte das ganze Zimmer und fand doch nichts. Auf die Idee, dass er die Sterne und anderen Embleme woanders versteckt haben könnte, kam ich gar nicht. Ich war einfach nur froh, nichts zu finden.

Also stimmt es doch nicht, war mein erster Gedanke, und Erleichterung stieg in mir auf.

Etwas später kam unser Sohn Andreas nach Hause. „Sag mal", fragte ich ihn, „war Marc jemals in dem Jugendraum?"

„Nein, nicht, soweit ich weiß, ich habe ihn dort noch nie gesehen, der ist doch meistens auf der Rampe. Ist irgendetwas passiert?", wollte er wissen.

Ich erzählte ihm, was vorgefallen war, und er schaute mich nur an. „Nein, das kann nicht sein, das glaube ich nicht. Nicht der Marc, der ist doch zu so etwas nicht fähig! Da will ihn bestimmt irgendwer ärgern. Ich werde mich mal umhören", versprach er.

Noch am gleichen Tag wollte er sich erkundigen, ob Marc in letzter Zeit vielleicht einmal im Jugendraum gewesen war. Es klang ziemlich unwahrscheinlich, da er ja dreimal pro Woche in der Handballmannschaft trainierte.

Ich war erleichtert: Die Hoffnung, dass Marc unschuldig verdächtigt wurde, wuchs in mir. Vielleicht hatte er mit jemandem Streit, und man wollte ihm jetzt einfach eins auswischen, dachte ich.

Etwas beruhigter machte ich mich an die Hausarbeit, nahm den Staubsauger und ging auf unseren ausgebauten Dachboden, um zu saugen und aufzuräumen. Dort fiel mein Blick auf eine grüne Tasche, die ich schon seit Wochen gesucht hatte. Sie stand halb hinter einem Sessel, und als ich nach ihr greifen wollte, sah ich zwei Lautsprecherboxen in ihr liegen ...

Es war, als ob mir jemand den Boden unter den Füßen wegzog, mein Herz klopfte so fest gegen meine Brust, dass ich dachte, es würde zerspringen. „Bitte, lieber Gott, lass es nicht die Mercedessterne sein", sagte ich mehr zu mir selbst als zu Gott.

Die Boxen waren verschieden schwer. Ich holte einen Schraubenzieher aus dem Keller und machte mich an die Arbeit, die schwerere der beiden Boxen zu öffnen. Ich brauchte nicht lange, dann lagen sie vor mir: 93 sauber und ordentlich verpackte Mercedessterne!

Welch eine Ironie: Sauber und ordentlich, wie Marc nun einmal war, hatte er sie verpackt und versteckt! Was um Himmels willen wollte er nur damit machen?

Alles um mich herum fing an, sich zu drehen, mir wurde schlecht. Es war, als ob sich der Boden unter meinen Füßen öffnen und ich in ein tiefes schwarzes Loch fallen würde.

Während mir die Tränen kamen, setzte ich mich auf einen in der Ecke stehenden Sessel und starrte vor mich hin. Alles in mir schrie: *Warum??? Warum jetzt auch er?*

Minutenlang saß ich einfach nur da, starrte vor mich hin. Die Tränen liefen wie ein stetiger Fluss über meine Wangen. Immer wieder schaute ich die Sterne an und wusste einfach nicht, was ich tun sollte.

Zitternd griff ich nach einer Weile nach der anderen Lautsprecherbox. Da sie leichter war, dachte ich, dass sie leer sei, und legte sie mit der ersten Box zurück in die Tasche. Lange überlegte ich, was ich mit der Tasche tun sollte, dann entschied ich mich dafür, sie erst einmal mitzunehmen. Ich ging nach unten in unser Schlafzimmer und stellte die Tasche dort ab.

Den Rest des Tages versuchte ich mich ein wenig zu beruhigen und überlegte, was wir am Abend mit Marc machen sollten. An Arbeiten war nicht mehr zu denken. Ziellos lief ich in unserem Haus herum.

Die Stunden, bis mein Mann abends von der Arbeit nach Hause kommen würde, zogen sich endlos in die Länge. Unser jüngster Sohn, David, kam aber bald von seinem Freund zurück, und so war ich etwas abgelenkt. Der Tag verging wie in einem dicken Nebel. Ich war unfähig, auch nur einen klaren Gedanken zu fassen. Immer wieder schickte ich Stoßgebete zum Himmel. Ich bat Gott, uns zu helfen und uns zu zeigen, was wir tun sollten.

Als mein Mann am Abend von der Arbeit auf der Intensivstation nach Hause kam, war Marc noch nicht da. Das gab uns Gelegenheit, in Ruhe alleine miteinander zu reden. „Ich habe sie gefunden", sagte ich zu meinem Mann. Lange saßen wir uns schweigend gegenüber, dann erzählte ich ihm, wo ich sie gefunden hatte und wie viele Sterne es waren. Immer wieder fragten wir uns: „Warum?" Wie konnte er so etwas tun? Was oder wer hatte ihn dazu bewogen, fremdes Eigentum zu beschädigen? Wir hatten unsere Kinder doch dazu erzogen, das Eigentum anderer zu achten! Ob sein Freund ihn dazu angestiftet hatte? Vielleicht war er es ja gewesen, und Marc hatte ihm nur helfen wollen. Oder vielleicht hatte sein Freund auch mitgemacht, und Marc war gar nicht alleine schuld.

Als Marc endlich nach Hause kam, baten wir ihn zu uns ins Wohnzimmer. Wir erzählten ihm von dem Besuch der

Polizei, sagten ihm aber erst einmal nicht, dass ich die Sterne gefunden hatte.

Er bestritt die Vorwürfe und sagte ärgerlich: „Das stimmt nicht, ich habe das nicht getan. Ich bin doch nicht blöd, was soll ich denn mit Mercedessternen machen?"

Erst als wir ihn mit den gefundenen Sternen konfrontierten, sagte er ganz überheblich und frech: „Ja gut, ich habe ein paar Sterne von Autos abgemacht, was ist daran so schlimm? Das waren doch eh alles nur Bonzenautos!" Seine Arroganz war wie eine kalte Dusche für mich.

„Bonzenautos?", schrie ich ihn an und merkte gar nicht, wie ich immer lauter wurde.

Jetzt übernahm mein Mann in seiner ruhigen Art das Gespräch: „Woher willst du wissen, dass das alles Autos von reichen Leuten waren? Viele Menschen fahren zwar einen Mercedes, der steht ihnen aber nur als Firmenwagen zur Verfügung, oder andere, wie unsere älteren Nachbarn, kaufen sich im Alter einen teureren und besseren Wagen, damit sie bequemer fahren können."

Daran hatte Marc noch nie gedacht. Man sah ihm an, dass ihm bei diesem Gedanken nicht ganz wohl war.

„Was gedenkst du denn jetzt zu tun?", fragten wir ihn, doch er zog nur die Schultern hoch und erwiderte kalt: „Keine Ahnung!"

Wir fragten ihn, wie und wann er die Embleme der Autos gestohlen hatte, und so kam im Laufe des Abends nach und nach die Wahrheit ans Licht: An den Wochenenden, wenn er bei seinem Freund im Nachbarort war, war ihm langweilig, und so lief er durch den Ort und brach die Embleme von Autos ab. Später lernte er dann einen anderen Jugendlichen kennen, der das Gleiche tat. Jetzt wollte Marc ihn übertrumpfen. Er sagte sich: *Was der kann, kann ich besser!* Gesagt, getan.

Aber als er mehr Embleme als sein Kumpel gesammelt hatte, wurde es ihm wohl doch etwas mulmig und er wollte damit aufhören. Deshalb versteckte er alle Embleme in den Boxen.

Er hatte es also wirklich getan, und zwar ganz alleine, niemand hatte ihm dabei geholfen oder ihn dazu angestiftet. Ich konnte es nicht fassen und hatte das Gefühl, mitten in einem furchtbaren Albtraum zu stecken.

Noch während unseres Gesprächs erinnerte ich mich plötzlich daran, dass der Polizist von Emblemen verschiedener Automarken gesprochen hatte. „Die andere Lautsprecherbox!", rief ich voller Schrecken. In Panik lief ich in unser Schlafzimmer, nahm wieder den Schraubenzieher, öffnete zitternd die zweite Box und fand tatsächlich die Embleme der anderen Automarken: über dreißig Stück und alle ebenfalls fein säuberlich verpackt!

Ich nahm sie mit ins Wohnzimmer und hielt sie Marc vor die Nase: „Nur von ein paar Autos?", schrie ich ihn hysterisch an. „Weißt du eigentlich, wie viele Embleme das insgesamt sind?"

Er wusste es ganz genau: „Ja, einhundertachtundzwanzig", antwortete er und grinste.

Da lagen sie nun alle vor uns auf dem Tisch. Weder mein Mann noch ich wussten, was wir jetzt sagen sollten. Wir waren einfach sprachlos.

„Was wolltest du denn mit diesen ganzen Dingern machen?", fragte ich schließlich wütend.

„Keine Ahnung. Ich habe mal gehört, dass man die auf dem Tschechenmarkt verkaufen kann, da kriegt man ganz schön Kohle dafür", war seine Antwort.

Ich wurde noch lauter: „Auf dem Tschechenmarkt? Wie willst du denn da hinkommen? Wer erzählt dir denn so einen Schwachsinn? Die wirst du am Montag alle der Polizei übergeben!" Meine Stimme überschlug sich fast, und mein lieber Mann nahm das Gespräch wieder in die Hand, damit ich mich beruhigen konnte. Es war gut, dass er trotz allem die Ruhe bewahrte. Doch ich merkte ihm an, wie sehr es auch ihn traf. Auch er war wütend und enttäuscht, konnte sich aber besser beherrschen als ich.

Es wurde ein langer Abend, und im Laufe unseres Gespräches wurde Marc nach und nach die Dimension seiner Taten klar.

Wir hatten zwar keine Ahnung von der Höhe des Schadens, aber es war uns bewusst, dass wir den Schaden, den er angerichtet hatte, wiedergutmachen mussten. Was das für uns bedeuten würde, wussten wir an diesem Abend noch nicht.

Als wir uns dann endlich ins Bett legten, wurde es eine lange, schlaflose Nacht, denn keiner von uns kam zur Ruhe. Es war, als ob wir mitten in einem Albtraum angekommen wären. Die ganze Nacht überschlugen sich meine Gedanken. Immer wieder fragte ich mich, warum Marc das getan hatte, und überlegte, was wir nun machen sollten. Was sollten wir den Leuten sagen, und wer war überhaupt betroffen? Unser Sohn hatte sich darüber ausgeschwiegen. Als es endlich Tag wurde, war ich immer noch total ratlos. Unser Leben hatte sich auf einen Schlag verändert.

Da wir nicht wussten, welche Leute betroffen waren, traute ich mich in den nächsten Tagen vor lauter Scham nicht mehr vor die Tür. Ich ging nur aus dem Haus, wenn es unbedingt sein musste. Es schien, als würde jeder Blick eines Vorübergehenden mir zurufen: „Ich weiß Bescheid über euch und euren Sohn, ich weiß, was er getan hat. Da habt ihr ja ein schönes Früchtchen herangezogen! Konntet ihr ihn nicht besser erziehen?"

Und unser Sohn? Er schien einzusehen, was für einen Mist er gebaut hatte, und spürte auch, dass er unser Vertrauen übel missbraucht hatte. Er sprach kaum noch und zog sich in sein Zimmer zurück. Trotzdem schien er froh zu sein, dass alles ans Licht gekommen war. Sein Gewissen hatte ihn doch geplagt. „Mama, eigentlich bin ich froh, dass alles rausgekommen ist. Ich wollte sowieso damit aufhören, deshalb habe ich die ganzen Embleme auch versteckt", sagte er mir zwei Tage später. Leider kam diese Einsicht ziemlich spät. Trotzdem war ich froh, von ihm diese Worte zu hören.

Von diesem Wochenende an ging es Marc ähnlich wie mir, er schämte sich. Er ging kaum aus seinem Zimmer, lag tagelang im Bett und zog sich im wahrsten Sinne des Wortes die Decke über den Kopf. Wir hatten ihm zunächst einmal Hausarrest verordnet und ihm den Kontakt zu seinen Freunden im Nachbarort untersagt, nahmen ihn aber überall mit hin, wenn wir wegfuhren. Aber auch ohne Hausarrest wäre er wahrscheinlich nicht aus dem Haus gegangen. Er wollte niemanden mehr sehen. Außerdem hatte er Angst davor, am Montag mit uns zur Polizei zu gehen.

Wir gehören einer freikirchlichen Gemeinde an und haben in der Vergangenheit immer wieder erlebt, wie gut es ist, dass wir uns mit unseren Sorgen an Gott wenden können. Das tat ich in diesen Tagen besonders intensiv. Zusätzlich baten wir aber auch Marcs Pateneltern, uns und ihn im Gebet zu begleiten. Den Jugendleiter unserer Gemeinde und unseren Pastor informierten wir ebenso, und baten auch einige enge Freunde, für uns zu beten. Wir wussten, dass wir Hilfe von Gott und auch von Freunden brauchten.

Immer wieder fragten wir uns: *Was haben wir falsch gemacht? Sind wir zu streng gewesen oder vielleicht zu nachgiebig? Haben wir zu viel erlaubt oder zu wenig? Hätten wir noch mehr Zeit mit unseren Kindern verbringen oder vielleicht noch mehr das Gespräch mit ihnen suchen sollen? Ist es unsere Schuld, dass Marc sich von seinem kindlichen Glauben an Gott abgewandt hatte und den Ideen seiner Freunde gefolgt war? Warum nur hatte er sich am Eigentum anderer Leute vergriffen und Dinge beschädigt, obwohl er wusste, dass das falsch war?*

Es waren so viele Fragen, die vor allem in mir wühlten, und sie verstärkten mein Ohnmachtsgefühl.

Marcs Tat verletzte mich tief im Inneren, und ich suchte die Schuld an seinem Fehlverhalten bei mir. Je mehr ich mich mit diesen Fragen beschäftigte, desto größer wurden mein Schmerz und auch die Angst vor dem Montag. Was würde uns dort bei der Polizei erwarten, und was würde der Polizist sagen, wenn er die ganzen Autoembleme sah? Was würde er von uns und unserem Sohn denken?

Die Stunden bis Montag verstrichen wie in Zeitlupe,

und auch das zehrte an meinen ohnehin schon angespannten Nerven. Am Samstagabend war Silvester und wir wollten zusammen mit anderen in unserer Gemeinde feiern. Eigentlich war mir gar nicht nach Feiern zumute, doch ich dachte, dass es uns guttun würde, etwas anderes zu sehen und uns ein wenig ablenken zu lassen. Sogar Marc freute sich darauf. So gingen wir hin, und es wurde ein schöner und fröhlicher Abend.

Am Montag aber war ich mit meinen Nerven total am Ende. Die vergangenen Nächte hatte ich mehr gegrübelt als geschlafen. Mein Mann bot mir an, mit Marc zur Polizei zu fahren, und ich nahm das dankbar an. Ich wollte weder jemanden sehen, noch wollte ich mit jemandem sprechen, vor allem nicht mit der Polizei.

Ich brachte die beiden zur Tür und schaute ihnen nach, wie sie wegfuhren. Als sie aus meinem Blickfeld verschwanden, drehte ich mich um und ging in unser Büro im Keller. Dort versuchte ich zur Ruhe zu kommen und zu beten. Ich war aber kaum fähig, einen klaren Gedanken zu fassen.

„Bitte hilf uns, Herr", betete ich, „ich weiß nicht, wie wir da durchkommen sollen." Unter Tränen warf ich Gott alle meine wirren Gedanken hin und fragte mich, ob er mich überhaupt hörte. Alles schien so finster um mich herum, und Gott schien so weit von mir entfernt zu sein. Der Schmerz in mir war unbeschreiblich, und je mehr ich mich mit dieser ganzen Situation auseinandersetzte, desto mehr schien der Schmerz zu wachsen. Ich konnte an gar nichts anderes mehr denken. Ich fühlte mich wie in einem Wasserstrudel, der mich unweigerlich in die Tiefe zog, und es schien immer finsterer um mich herum zu werden.

Ich schaute in den dunklen Rachen der Angst und hatte das Gefühl, sie würde mich jeden Moment verschlingen. Aber genau in dem Moment, als die Angst am größten war, fiel mir wie ein Blitz aus heiterem Himmel ein Vers aus Psalm 23 ein. In meiner Konfirmandenzeit hatte ich ihn auswendig lernen müssen, und jetzt kamen mir seine Worte wieder in den Sinn: „Und ob ich schon wanderte im finstern Tal, fürchte ich kein Unglück; denn du bist bei mir, dein Stecken und Stab trösten mich."

Es schien, als ob Gott mir jetzt zusprechen wollte: „Hab keine Angst, ich bin bei dir und helfe dir. Du brauchst dich vor dem, was kommt, nicht zu fürchten."

Die beiden blieben lange bei der Polizei, und ich wurde wieder sehr unruhig. Ständig lief ich zum Fenster und schaute nach ihnen aus. Als ich endlich unser Auto kommen sah, klopfte mein Herz wie wild. Was würden sie sagen?

Wie sich herausstellte, kamen sie mit einer Liste der geschädigten Fahrzeughalter zurück. Es waren dreizehn Anzeigen, davon drei Autos, an denen er sich zweimal vergriffen hatte.

Das sieht ja nicht mehr so schlimm aus, also haben von den über hundert Geschädigten nur zehn Leute Anzeige erstattet, dachte ich bei mir.

Marc hatte alles zugegeben, sich entschuldigt und dem Polizisten alle gestohlenen Fahrzeugembleme ausgehändigt. Der Polizist hatte daraufhin meinem Mann und Marc die Liste der geschädigten Fahrzeughalter, die bisher Anzeige erstattet hatten, gegeben. Mein Mann hatte ihm zugesichert, dass wir mit diesen Leuten Kontakt aufnehmen würden. Wir wollten für den entstandenen Schaden aufkommen und Marc sollte sich auch bei allen entschuldigen.

Marc sagte nicht viel dazu, und mein Mann reichte mir die Liste. Als ich sie sah, wurde mir wieder übel. Außer zwei Geschädigten waren alle Leute aus unserem Ort, ja sogar einige aus unserer Nachbarschaft. Ich konnte es nicht fassen und fragte mich erneut, warum er das nur getan hatte.

Wir entschieden, dass es am besten sei, noch am gleichen Tag alle auf der Liste stehenden Leute aufzusuchen, damit wir den Schaden bezahlen und Marc sich entschuldigen konnte.

Zunächst wollte ich meinen Mann allein mit Marc losschicken, da ich mich furchtbar schämte. Ich hatte einfach Angst vor den zu erwartenden Reaktionen, Angst vor diesen Menschen.

Dann erinnerte ich mich aber an einen Satz, den mein Mann einmal vor vielen Jahren zu mir gesagt hatte: „Da gehst du selbst hin und fragst. Das musst du lernen, du kannst nicht immer jemand anderes vorschicken."

Damals hatte ich mich nicht getraut, zu dem Bauern in unserer Nachbarschaft zu gehen und ihn zu fragen, ob wir von ihm Milch kaufen könnten. Ich hatte einfach Angst, Menschen anzusprechen. Die Situation war zwar jetzt eine total andere, aber ich merkte, dass ich noch immer ähnlich reagierte.

Vielleicht, sagte ich zu mir, *muss ich noch lernen, auch in so unangenehmen Situationen auf die Menschen zuzugehen und mit ihnen zu reden. Ich darf mich nicht von der Angst vor Menschen und was sie über uns sagen unterkriegen lassen.*

Natürlich würde man über uns reden, das war mir vollkommen klar; aber was geredet wurde, das konnten wir ein wenig steuern. Die Leute sollten sehen, dass wir ehrlich waren und trotz allem zu unserem Sohn standen. Ich entschloss mich mitzukommen.

Zu Marc sagten wir: „Wir gehen jetzt mit dir zu all diesen Leuten hin und wir erwarten, dass du dich überall entschuldigst. Du hast den Mut gehabt, die Menschen zu bestehlen, und jetzt wirst du mit dem gleichen Mut hingehen und dich auch dafür entschuldigen. Wir lieben dich, und weil wir dich lieben, musst du das nicht alleine machen. Wir gehen mit dir, helfen dir und stehen zu dir."

Doch Marc weigerte sich lautstark mitzugehen.

„Komm, gemeinsam schaffen wir das", versprachen wir ihm.

Auch er hatte Angst vor den Leuten, genauso wie ich, aber am Ende ging er dann doch mit uns und erlebte, wie befreiend Wahrheit und Vergebung sein können. Wir erlebten gemeinsam, wie unterschiedlich die einzelnen Menschen mit ihm und seiner Tat umgingen. Es war nicht nur für Marc, sondern auch für uns beide als Eltern eine große Herausforderung, da wir uns furchtbar schämten.

Eine Frau aus unserer Nachbarschaft legte mir die Hand auf die Schulter und sagte zu Marc: „Da hast du totalen Mist gebaut, aber du kannst froh sein, dass du so tolle Eltern hast, die zu dir stehen." Ihr Mann sparte nicht mit Vorwürfen und sagte am Schluss ganz unverblümt zu ihm: „Als der Stern das erste Mal abgebrochen war, habe ich noch beide Augen zugedrückt, aber als du ihn mir zum zweiten Mal gestohlen hast, da war ich stinksauer. Du kannst froh sein, dass ich dich nicht dabei erwischt habe, da hättest du was erlebt. Ich hatte eine riesige Wut auf dich. Aber ich finde es toll, dass du dich entschuldigst, das findet man nicht alle Tage. Ich vergebe dir."

Ein anderer Mann wollte den Schaden gar nicht ersetzt haben. Er sagte nur zu Marc: „Ach komm, mach es einfach nicht noch einmal. Vielleicht hast du ja etwas daraus gelernt. Wir waren ja auch einmal jung und haben Mist gebaut."

Andere Geschädigte wollten wissen, warum er es getan hatte, und so war Marc gefordert, seine Taten zu erklären. Es fiel ihm sichtlich schwer, aber er gab sich alle Mühe und versicherte den einzelnen Leuten, dass er so etwas nicht mehr tun würde.

War jemand nicht zu Hause, so erklärten wir Marc, dass wir später noch einmal hingehen würden. Im Stillen hatte er wohl gehofft, wir würden es bei einem Besuch bewenden lassen, aber wir machten ihm klar, dass wir erst aufhören würden, wenn wir mit allen Leuten gesprochen hatten.

Am Ende des Tages hatten wir alle Geschädigten erreicht, die auf der Polizeiliste standen. Wir konnten alle finanziellen Forderungen begleichen und dachten, dass es jetzt vorüber sei.

Am Abend konnten wir zueinander sagen: „Es war gut und ermutigend. Gott hat uns geholfen."

Obwohl mir die ganze Sache furchtbar peinlich war, entspannte ich mich ein wenig, und es schien, als ob auch Marc eine große Last von den Schultern genommen wäre.

Wenige Wochen vor diesem Geschehen hatte unser Pastor mich gefragt, ob ich nicht Lust hätte, zusammen mit anderen aus unserer Gemeinde den Weihnachtsgottesdienst vorzubereiten und aktiv mitzugestalten.

Ich sagte zu und machte mich mit anderen aus der Gemeinde an die Arbeit. Zusammen suchten wir passende Lieder aus und überlegten uns einen Rahmen für den Gottesdienst. Wir bestellten bedruckte Weihnachtssterne aus Papier; auf der einen Seite stand ein Bibelvers, auf der anderen ein passender Gedanke dazu. Diese Sterne wollten wir am Ende des Gottesdienstes an alle Besucher weitergeben und sie so mit einem Wort Gottes beschenken.

Mein Part war, die Predigt vorzubereiten.

Schon seit einigen Tagen war ich dabei, mir einen Text mit einem passenden Thema für die Predigt auszusuchen. Natürlich, es sollte mit Weihnachten zu tun haben, aber der zündende Gedanke, den ich mir erhoffte, kam einfach nicht.

So geschah es, dass ich wenige Tage vor Weihnachten immer noch kein Konzept für meine Predigt hatte, und das war sehr ungewöhnlich, da ich sonst vorher immer schon lange mit einem Text bzw. einem Thema schwanger ging. Doch dieses Mal war es einfach anders.

Erst heute sehe ich, dass mich Gott an diesem Weihnachtsfest durch meine eigene Predigt schon auf das vorbereiten wollte, was uns in den nächsten Wochen erwartete.

An einem Nachmittag nahm ich mir Zeit und machte einen langen Spaziergang. Ich brauchte Ruhe und wollte mit Gott reden.

„Herr, es sind nur noch wenige Tage bis Weihnachten und du hast mir immer noch nicht gezeigt, was ich weitergeben soll. Bitte gib mir doch ein Wort und die Gedanken dazu, dass diese Weihnachtsbotschaft eine Botschaft des Segens wird", bat ich, während ich durch die winterlichen Felder ging.

Alles, was ich in der ganzen Zeit in meinem Herzen hörte, waren immer die gleichen Worte, und ich konnte nichts mit ihnen anfangen. Immer wieder hörte ich, wie Gott in meinem Herzen sagte: „Erika, ich bin!"

Nach einer Zeit wurde mir das zu dumm, und ich sagte zu Gott: „Herr, ich versteh dich nicht. Das ist doch keine Weihnachtsbotschaft. Ich habe einfach keine Ahnung, was du mir damit sagen willst. Kannst du dich nicht ein wenig präziser ausdrücken?"

Das tat er zwar nicht, aber die Worte ließen mir keine Ruhe, und als ich nach Hause kam, ging ich in unser Büro, holte meine Bibel hervor, schlug die Weihnachtsgeschichte im Lukasevangelium auf, und las sie. Vielleicht würde ich ja in der Weihnachtsgeschichte etwas finden, was mir weiterhalf. Danach las ich in Jesaja, was dort im 9. Kapitel über Jesus stand: „… er heißt Wunderbarer Ratgeber, Allmächtiger Gott, ewiger Vater, Friedefürst" (nach der englischen „Amplified Bible" wiedergegeben).

Ich überlegte, was das mit den Worten „Ich bin" zu tun hatte. Dabei fielen mir zwei Sätze im Lukasevangelium auf, die ich bis dahin einfach überlesen hatte: An der Stelle, als die Engel den Hirten erschienen, sagten sie zu den Hirten: „Euch ist heute der Heiland geboren ... Ihr werdet das Kind finden ...", und etwas weiter steht da: „... sie brachen in Eile und suchend auf ... und sie fanden ..." (nach: Amplified Bible).

Plötzlich fiel es mir wie Schuppen von den Augen: Das war die frohe Botschaft, die an diesem Weihnachtsfest von Bedeutung war und die ich weitergeben sollte: Jesus ist unser Weihnachtsgeschenk, aber wir müssen dieses Geschenk von ganzem Herzen suchen. Gott selbst schenkt sich uns, jedem Einzelnen persönlich. Nicht nur den Hirten, sondern auch uns heute, und es hieß ganz klar: „Ihr werdet das Kind finden ..."

Mit den Worten: „Euch ist heute der Heiland geboren, welcher ist Christus, der Herr, in der Stadt Davids. Und das habt zum Zeichen: Ihr werdet finden das Kind in Windeln gewickelt und in einer Krippe liegen", wurden die Hirten auf den Weg geschickt und bekamen die Zusage, dass sie Jesus finden würden.

Die Hirten mussten sich auf den Weg machen, wenn sie Jesus finden und ihm begegnen wollten. Ich begriff: Auch wir müssen uns auf den Weg machen und Jesus suchen, wenn wir ihm begegnen und ihn erfahren wollen. Er ist schon da, unser Heiland, und wartet auf uns.

Jetzt erst fiel mir auch auf: Es war mitten in der Nacht, als die Engel den Hirten erschienen und den Weg wiesen. Ich begriff: Gott begegnet uns oft mitten in der Nacht, wenn alles dunkel ist, in unseren Sorgen, und zeigt uns die Richtung, in die wir gehen sollen. Wir sollen im Vertrauen auf sein Wort aufbrechen und ihn in der Dunkelheit suchen gehen. Gerade wenn wir meinen, vor lauter Dunkelheit nichts mehr zu sehen, ist er uns besonders nahe. Er geht mit uns in diese Nacht und verspricht, dass wir ihn finden werden, auch wenn es noch so dunkel ist. Schon in unserer Nacht und Not werden wir unserem Retter begegnen. Dort werden wir ihn anbeten und dann verändert wieder zurückgehen. So erging es auch den Hirten: „Und die Hirten kehrten wieder um, priesen und lobten Gott für alles, was sie gesehen und gehört hatten, wie denn zu ihnen gesagt war" (Lukas 2,20).

Der große Gott, der Himmel und Erde geschaffen hat, und der sich selbst „Ich bin, der ich sein werde" nennt, kommt zu uns auf diese Erde und wird Mensch. Er kommt, um uns zu retten, uns nahe zu sein, uns zu helfen, uns zu beschützen. Er war da und ist da und wird da sein. Immer, auch in den dunklen Tagen unseres Lebens, das hatten wir auch als Familie erlebt.

Tränen liefen über meine Wangen, und ich flüsterte: „Danke, Herr, du bist so gut, ich freue mich, dass du mir das alles gezeigt hast."

Nun hatte ich nicht nur meine Predigt für den Weihnachtsgottesdienst. Ich hatte Gott durch diese Worte in einer neuen Dimension kennengelernt und nahm mir vor, mir das alles hinter die Ohren zu schreiben. Bestimmt würde ich es auch in meinem Leben noch brauchen können!

Als jedoch wenige Tage später der Polizist vor unserer Haustür stand und uns von der Sache mit den Mercedessternen erzählte, waren diese ganzen Worte aus meinem Gedächtnis wie ausgelöscht. Ich fiel in ein dunkles Loch, aber Gott war da und arbeitete sich langsam wieder zu mir vor.

2. Nervenbündel

Bei uns ist es anders als in manchen anderen Familien. In vielen Familien liest der Mann morgens beim Frühstück die Zeitung, oder man unterhält sich während des Frühstückens. Da ich aber ein ausgesprochener Morgenmuffel bin und mein Mann morgens meist schon früh zur Arbeit fährt, hat es sich bei uns eingebürgert, dass ich während des Frühstücks die Tageszeitung lese. Marc mag morgens auch nicht reden, David kommt erst in letzter Minute zum Frühstück und redet dann ohne Unterbrechung. Rebekka und Matthias wohnen nicht mehr zu Hause, und Andreas fährt schon zur Arbeit, wenn alles noch schläft.

Ich liebe es einfach, morgens in aller Ruhe beim Frühstück die Tageszeitung zu lesen.

Nur zwei Tage, nachdem wir dachten, dass in der Sache mit den Mercedessternen alles vorbei sei, blieb mir aber beim Frühstück fast der Bissen im Halse stecken. Es war nur ein kleiner Abschnitt auf der ersten Seite des Lokalteils unserer Zeitung, aber er fiel ins Auge und ich wusste sofort, von wem hier die Rede war. An den genauen Wortlaut der Überschrift kann ich mich nicht mehr erinnern, aber er klang ungefähr so: „Jugendlicher mit Sammelleidenschaft für Mercedessterne".

Die Polizei berichtete über einen Jugendlichen, der in einem Zeitraum von zwei Jahren dreiundneunzig Mercedessterne und fünfunddreißig Embleme anderer Automarken gestohlen hatte. Der Jugendliche sei geständig, und die Polizei ersuchte betroffene Fahrzeughalter in den genannten Ortschaften, sich zu melden, damit sie ihre Embleme zurückerhielten und ihnen der Schaden erstattet werden könne.

Es war, als würde sich um mich ein Karussell drehen. Mir wurde schwindelig und schlecht. War ich wirklich so naiv gewesen und hatte gedacht, dass alles vorüber wäre? Natürlich musste die Polizei die Fahrzeughalter der übrigen Embleme suchen. Alle möglichen Gedanken schossen mir gleichzeitig durch den Kopf. Was würde jetzt passieren? Würden sich nun alle Geschädigten auf einmal bei uns oder der Polizei melden, um den ihnen entstandenen Schaden ersetzt zu bekommen?

In meinen Gedanken überschlug ich: 130 Embleme, pro Emblem etwa 20-50 Euro, das wären zwischen 2600 und 6500 Euro.

Es würde eng werden, aber wir würden das bestimmt irgendwie bezahlen können. Wir hatten in den vergangenen Monaten etwas gespart, um mit unseren zwei Jüngsten im Sommer unsere Freunde in den USA zu besuchen. Das würden wir nun wahrscheinlich absagen müssen. Allerdings hatte ich zum Ende des letzten Jahres aufgehört zu arbeiten.

Ich war bis dahin selbstständig als Masseurin tätig gewesen und hatte schon seit Monaten das Gefühl gehabt, dass ich aufhören sollte zu arbeiten, um nach etwas Neuem Ausschau zu halten. Ich war Mitte vierzig und, wie ich empfand, noch nicht zu alt für etwas Neues. Im Gegenteil, ich fühlte mich gerade jetzt reif genug dafür. Da ich zunehmend Gelenkschwierigkeiten hatte, hatte ich mich nach viel Gebet und langen Beratungen mit meinem Mann dazu entschieden, zum 31. Dezember 2005 meine Selbstständigkeit aufzugeben.

Auf der einen Seite war es gut, im Moment nicht arbeiten zu müssen. Ich wollte niemanden in unserem Haus sehen und auch nicht auf die ganze Sache angesprochen werden. Finanziell aber hätten wir meinen Verdienst jetzt durchaus brauchen können.

Da standen wir nun. Nur noch der Verdienst meines Mannes als monatliches Einkommen, und wenn ich alles überschlug, was wir noch an Barem hatten, dann würde es schwierig werden. Unseren Eltern konnten wir davon nichts erzählen, geschweige denn um Hilfe bitten. Sie sind alt und würden sich, das wussten wir, furchtbar aufregen. Das wollten wir ihnen nicht antun. Was also konnten wir tun?

„Warum habe ich bloß aufgehört zu arbeiten? Vielleicht war das doch die falsche Entscheidung", sagte ich zu meinem Mann. Sollte ich vielleicht alles wieder rückgängig machen? Meine Gedanken befanden sich in einer stetigen Abwärtsspirale und wollten einfach nicht mehr zur Ruhe kommen. Ich machte mir große Sorgen. Eine Idee, die ich hatte, war, einen Kredit aufzunehmen, falls es letztlich mehr kosten würde als angenommen. Da wir aber noch unser Haus abzahlten, wollten wir nicht noch mehr Schulden machen, und so verwarf ich diese Idee wieder.

Wieder einmal erwies sich mein Mann als Fels in der Brandung: „Es hat doch gar keinen Sinn, wenn du jetzt wieder anfängst zu arbeiten, nachdem Gott dir Frieden darüber gegeben hat aufzuhören. Du wirst sehen, wir werden das schon schaffen, Gott hat das so zugelassen und er wird uns auch helfen. Das hat er doch immer getan. Du machst dir einfach zu viele Sorgen."

Ich wusste, dass er recht hatte. In meinem Kopf wusste ich das alles schon, aber meine Sorgen waren einfach so groß. Trotz der Zusage meines Mannes war der Tag für mich gelaufen.

Es kam aber noch schlimmer. Am Nachmittag fand ich in unserem Wochenblatt, das kostenlos an jeden Haushalt verteilt wird, den gleichen Artikel noch einmal. Natürlich, daran hatte ich nicht gedacht – nicht jeder bekam die Tageszeitung. Anscheinend wollte die Polizei so viele Fahrzeughalter wie möglich ausfindig machen und bediente sich daher auch des Wochenblattes. Ein tiefes Loch tat sich vor mir auf, ich fiel hinein und hatte das Gefühl, dass es mich verschlang.

Zu meinem Mann sagte ich nur: „Jetzt ist alles aus. Nun wird auch der Letzte, der es bisher noch nicht wusste, Bescheid wissen über das, was Marc getan hat. Das spricht sich doch hier im Dorf wie ein Lauffeuer herum." Ich war selbst in einem Dorf groß geworden und wusste, wie schnell solche Neuigkeiten zum Dorfgespräch wurden. Es gab genug Menschen, die nach sensationellen Nachrichten gierten und sich an der Not der anderen weideten. Ich kannte dieses Getuschel.

Tränen stiegen mir in die Augen, und ich konnte bei den Gedanken an das, was uns erwartete, nur weinen. Auch mein Mann war sehr betroffen, aber er blieb trotz allem ruhig, obwohl auch er nicht wusste, wie es weitergehen würde. Er hatte einfach mehr Vertrauen als ich.

Eigentlich war Anfang Januar die ruhigste Zeit des Jahres. Die Kinder hatten Ferien, man schlief aus und machte es sich gemütlich. Keine Schule, kein Stress, Zeit, um spazieren zu gehen und zu lesen. Aber diesmal schien diese ruhige Zeit an uns vorbeizugehen. Die Kinder verzogen sich in ihre Zimmer, und ich war innerlich sehr angespannt. Zum Lesen konnte ich mich nicht konzentrieren, und spazieren gehen wollte ich nicht. Niemand sollte meine rot geweinten Augen sehen. Nur wenn es dunkel wurde, wagte ich mich mit meinem Mann nach draußen. Im Dunkeln gingen wir durch die leeren Straßen, und wenn uns dann doch jemand entgegenkam, zog ich meinen Hut noch ein wenig tiefer ins Gesicht, damit man mich nicht erkennen konnte. Sah ich jemanden schon von weitem uns entgegenkommen und hatte noch die Gelegenheit dazu, dann schlug ich einen anderen Weg ein. Ich wollte niemandem begegnen.

In diesen Tagen sah ich noch eine andere Meldung aus dem Regionalteil unserer Tageszeitung: In der Silvesternacht hatte ein junger betrunkener Autofahrer ein ebenfalls junges Pärchen überfahren. Der junge Mann starb noch an der Unfallstelle, die junge Frau wenig später im Krankenhaus. Der Täter war etwa so alt wie unsere älteren Söhne, er beging im betrunkenen Zustand Fahrerflucht. Es war ein furchtbares Unglück. Die Mutter der überfahrenen jungen Frau war als Erste am Unfallort, da sie sich mit ihrer Tochter dort verabredet hatte. Sie wollte sie dort abholen und fand ihr Kind halb tot auf der Straße liegen.

Als ich diesen Bericht in der Zeitung las, sagte ich mir:

Was wird uns als Eltern alles abverlangt! Niemand hat uns auf solche Dinge vorbereitet. Was geht in dieser Mutter vor, die ihr überfahrenes und dann totes Kind in den Armen hält? Was ist mit den Eltern des Unfallverursachers? Wenn ich mich jetzt schon so schäme über das, was mein Sohn angerichtet hat, was müssen diese Eltern jetzt erleiden? Wie mag es ihnen gehen? Das Leben muss ja für sie wie ein Spießrutenlauf oder, schlimmer noch, wie ein Horrorfilm sein.

Nur wenige Tage später las ich sie dann, die Leserbriefe in unserer Zeitung: „Hätten die Eltern ihren Sohn richtig erzogen, dann wäre er nicht betrunken Auto gefahren ... verantwortungslos ist man nicht, man wird dazu erzogen ... die Eltern haben versäumt, ihren Sohn richtig zu erziehen ... die Eltern sind mit schuld an diesem Unfall ..."

Eine alte Bantu-Weisheit sagt von den Kindern: „Du siehst es an den Schösslingen, ob die Mutterpflanze gut ist."

Sind wirklich immer die Eltern mit schuld daran, wenn ihre Kinder Fehler machen? War ich mit schuld an dem, was mein Kind gemacht hatte?

Ich beneide Eltern, deren Kinder keine Fehler machen, nicht negativ auffallen, gut geraten und immer freundlich, höflich und entgegenkommend sind. Sie tun, was die Eltern ihnen sagen, und machen fast nie Fehler. Aber gibt es diese Kinder überhaupt? Manche Kinder scheinen ja wirklich so zu sein, aber wenn man dann einen Blick hinter die Kulissen wirft, sieht manches ganz anders aus.

Ich konnte den Schmerz dieser Eltern beinahe fühlen. Am liebsten hätte ich mich mit den Eltern dieses jungen Mannes in Verbindung gesetzt und ihnen gesagt, dass ich verstand, was in ihnen vorging. Vielleicht wäre es ihnen ein Trost gewesen zu hören, dass andere Eltern Ähnliches durchmachen. Sie waren bestimmt so wie wir einfach von dem Geschehen überrollt und verletzt worden. Ein bisschen konnte ich ihren Schmerz vielleicht mitfühlen. Bestimmt ging es ihnen ähnlich wie mir: Ich wollte niemanden sehen oder hören und wollte vor allem in Ruhe gelassen werden. Auf kluge Sprüche konnte ich im Moment verzichten.

Wir Eltern von straffällig gewordenen Jugendlichen lieben doch unsere Kinder auch. Ja, wir kennen ihre schwachen und schlechten, aber auch ihre guten Seiten, und die sind in der Mehrzahl. Bissige Kommentare, böse Blicke und ausgestreckte Zeigefinger machen alles nur noch schlimmer, verstärken den Schmerz der Eltern noch und hetzen bis dahin neutrale Personen gegen uns und unsere Kinder auf. Das, was passiert ist, wird durch üble Nachrede nicht ungeschehen gemacht, sondern nur verstärkt. Niemand, der das nicht durchgemacht hat, wird verstehen, wie tief der Schmerz der betroffenen Eltern ist.

Von dem Tag an, an dem der Zeitungsartikel erschienen war, wurde für uns alles nur noch schlimmer. Wir hatten keine Ruhe mehr. Täglich meldeten sich geschädigte Autofahrer bei der Polizei. Noch einmal wurde Marc vorgeladen, und da mein Mann arbeiten musste, ging ich mit Marc hin.

Der Polizist saß hinter seinem Schreibtisch, und vor ihm lag ein großer Stapel mit Akten. Über sechzig Fahrzeughalter hatten sich inzwischen gemeldet, und der Polizist ging alle Anzeigen nacheinander mit uns durch. Jedes

Blatt, das er in die Hand nahm, las er vor und fragte Marc: „Kannst du dich daran erinnern, warst du das?" Er wollte so erfahren, ob alle angerichteten Schäden auf Marcs Konto gingen.

Einige Anzeigen waren fast zwei Jahre alt, und Marc sagte dann immer nur: „Kann sein, ich weiß es nicht mehr." Bei manchen Anzeigen konnten wir ausschließen, dass es Marc war, da er an den betreffenden Tagen zur Tatzeit im Handballtraining war. An einigen Orten war er noch nie gewesen, auch die konnten wir ausschließen, das waren aber nur wenige.

Während der Polizist mit Marc sprach, hörte ich nur zu und merkte nach kurzer Zeit, dass meine Rechnung nicht aufging. Der Polizist sagte uns bei jeder Anzeige, wie hoch der entstandene Schaden am Fahrzeug war. Der war bei einigen Autos weit höher als erwartet.

Marc hatte nicht nur die Embleme abgebrochen, er hatte auch bei einigen Autos Kratzspuren hinterlassen, als er mit einem Messer das Emblem abmachte.

Hier waren laut Polizei Schäden zwischen 300 und 1000 Euro pro verkratztem Wagen entstanden. Anscheinend konnte der Polizist die Verzweiflung an meinem Gesicht ablesen, denn er sagte zu mir: „Frau Kern, wenn Sie das nicht bezahlen können, gibt es auch noch eine Möglichkeit, Ihnen zu helfen." Er versuchte mir etwas zu erklären, aber ich konnte es nicht mehr aufnehmen. Ich nickte nur höflich, während er weiterredete. Mein Kopf war wie zugesperrt, und ich war zu stolz, Hilfe in Anspruch zu nehmen. „Wir werden das schon irgendwie schaffen", versicherte ich ihm.

In der Polizeistation arbeiteten einige Polizisten aus unserem Ort, und ich wollte nicht, dass sie erfuhren, wie eng es finanziell für uns werden würde. Ich schämte mich so sehr. Aus den Aussagen des Polizisten konnte ich schon entnehmen, dass er sich bereits gründlich über uns als Familie und als Einzelne erkundigt hatte.

Als ich ihn dann fragte, wie es weitergehen würde, sagte er: „Ich gebe Ihnen die ganze Liste der geschädigten Personen mit, die Anzeige erstattet haben. Sie haben mir ja zugesagt, dass Sie für den Schaden, den Ihr Sohn angerichtet hat, aufkommen. Gleichzeitig lasse ich allen Geschädigten Ihre Anschrift zukommen, damit diese sich mit Ihnen in Verbindung setzen können. Wir werden noch einige Zeit die Akten hier auf dem Polizeirevier lassen und abwarten, ob sich noch weitere Fahrzeughalter melden. Dann werden die Akten der Staatsanwaltschaft und später dem Gericht übergeben."

Mir schien es, als ob mir jemand die Luft zum Atmen abdrehte. Vor meinem inneren Auge erschienen riesige Geldsummen. *Wie sollen wir das jemals alles bezahlen? Werden wir unser Häuschen behalten können?*, fragte ich mich insgeheim. Alles schien im Moment völlig offen zu sein.

Auf der Fahrt nach Hause wurde auch Marc die Dimension seiner Taten immer mehr bewusst.

„Marc, wir werden das gemeinsam schon irgendwie schaffen", versuchte ich ihm Mut zu machen. Ich versuchte positiv zu wirken, da es ihm nicht helfen würde, wenn ich jetzt in seinem Beisein auch noch die Hoffnung verlor. Er sollte wissen, dass wir zu ihm stehen und ihm helfen würden, aber innerlich fiel ich wie ein Kartenhaus zusammen.

Marc saß ganz still neben mir. Zu Hause zog er sich wie immer in den letzten Tagen in sein Zimmer zurück. Da wir noch Weihnachtsferien hatten, ging er nicht aus dem Haus. Er sprach kaum noch und kapselte sich fast völlig vom Familienleben ab. Langsam machte ich mir ernsthafte Sorgen um ihn. Es schien, als ob ihm die ganze Sache jeglichen Lebensmut nehmen würde. Wir versuchten immer wieder mit ihm zu reden, aber er wollte nicht. Er sah, wie wir versuchten, den von ihm angerichteten Schaden zu begleichen, wie auch wir litten und wie unsere finanziellen Mittel langsam dahinschmolzen. Auf viele Dinge mussten wir schon jetzt verzichten, und auch seine Ersparnisse nahmen immer mehr ab.

Unseren USA-Urlaub verschoben wir erst einmal auf unbestimmte Zeit. Unser Freund Steve schrieb uns: „Schade, dass ihr nicht kommen könnt, aber ich verstehe eure Situation. Seid nicht zu hart mit Marc. Wir alle haben doch in der Jugend Fehler gemacht. Meine Söhne haben auch schlimme Dinge getan, ich habe als Jugendlicher Mist gebaut, und mein Vater hat auch Dummheiten gemacht. Wahrscheinlich sein Vater auch. Also nehmt es euch nicht zu sehr zu Herzen. Irgendwann wird es mit einem Besuch schon klappen, und wir werden dann wieder viel Spaß haben."

Ich wusste zwar im Kopf, dass er recht hatte, aber es drang nicht zu meinem Herzen durch. Die nächsten Tage waren schrecklich für mich.

Inzwischen hatte die Polizei unsere Anschrift an die geschädigten Personen weitergegeben. Fast täglich klingelten Fremde an unserer Haustür und begrüßten mich meist mit Worten wie: „Guten Tag, Frau Kern, mein Name ist Sowieso, ich habe Ihre Anschrift von der Polizei. Ihr Sohn hat bei unserem Auto den Stern oder das Emblem abgebrochen, und die Polizei hat uns versichert, dass Sie für den Schaden aufkommen würden. Hier ist die Rechnung."

Da meist ich zu Hause war, wurde ich auch immer wieder mit der ganzen Sache konfrontiert. Die Rechnungen waren so unterschiedlich wie die Menschen, die sie mir gaben. Während der eine mir nur die Rechnung für den abgebrochenen Stern überreichte, wollte ein anderer auch die Montage des neuen Sterns bezahlt haben. Wieder andere rechneten Stern, Montage und Fahrtkosten zur Polizei und zur Werkstatt mit ab. Ich kam mir vor wie vogelfrei, da anscheinend jeder kommen und alles Mögliche von uns verlangen konnte. Wir wussten nicht, was wir zu bezahlen hatten und was nicht unter die Rubrik „Schadensersatz" fiel.

Es waren auch Menschen dabei, die recht unverschämt wurden. Ein Mann ist mir noch lebhaft in Erinnerung. Er rief mich eines Tages an und erklärte mir in einem unfreundlichen Ton, dass mein Sohn an seinem Auto den Mercedesstern abgebrochen und verschiedene Kratzer an der Motorhaube hinterlassen hätte. Er wollte wissen, ob und wann wir den Schaden bezahlen würden.

Nachdem ich ihm erklärt hatte, wie leid uns die ganze Sache tat, versicherte ich ihm, dass wir uns bemühen würden, den Schaden so bald wie möglich zu bezahlen. Ich bat ihn, einen Kostenvoranschlag bei einer Werkstatt machen zu lassen und bei uns einzuwerfen. Das tat er dann auch einige Tage später.

In der Zwischenzeit kontaktierte ich wieder die Polizei und fragte, ob dieser Mann auch Anzeige erstattet habe, da ich seinen Namen auf unserem Zettel nicht fand. Der Polizist konnte sich sofort an den Mann erinnern, denn er war auch ihm negativ aufgefallen. Er sagte mir: „Frau Kern, diese Summe werden Sie wohl auch bezahlen müssen. Ich habe mir den Wagen angesehen, da waren Kratzer auf der Motorhaube, aber es waren auch viele alte Kratzer dabei. Es lässt sich einfach nicht mehr feststellen, welche von Ihrem Sohn waren und welche nicht. Wahrscheinlich wird er das Auto auch nicht so, wie er gesagt hat, zum Lackieren bringen. Dieser Mann will einfach nur das Geld. Sie könnten zwar einen Sachverständigen zu Rate ziehen, aber das verursacht nur unnötige Zusatzkosten."

Einige Tage später ging mein Mann persönlich bei dem Mann vorbei. Er erklärte ihm unsere finanzielle Lage und fragte, ob wir den Betrag in Raten abzahlen könnten.

Sie wurden sich einig und der Mann sagte ihm, dass er uns die ganze Vereinbarung noch einmal schriftlich zukommen lassen würde, wir sollten ihm dann ein Schuldgeständnis unterschreiben.

Die Polizei bat uns aber, das nicht zu tun.

Diesen Brief schickte der Mann aber auch nie an uns, sondern rief wieder an und beschuldigte uns, dass wir ihm sein Geld noch nicht gezahlt hätten. Kurze Zeit später war ein bitterböser Brief von ihm in unserem Briefkasten, in dem er schrieb, dass wir wortbrüchig seien. Wir hätten ihm versichert, den Schaden zu bezahlen, und hätten dies immer noch nicht getan. Er sei ja schließlich der Geschädigte. Außerdem werde er weitere Schritte unternehmen, wenn wir nicht endlich zahlen würden, er hätte da gute Kontakte zu höheren Stellen, da hätten wir dann keine Chance, uns aus der Affäre zu ziehen.

Das wollten wir auch gar nicht, aber wir wurden aus diesem Mann auch nicht schlau. Mein Mann setzte sich noch einmal mit ihm in Verbindung, und wir bezahlten ihm den ausgehandelten Betrag so schnell, wie es uns möglich war. Ich hätte weinen können: Dieser Mann behandelte uns wie Verbrecher.

Aber auch das Telefon ließ uns keine Ruhe mehr. Zu allen möglichen Tageszeiten kamen Anrufe mit Geldforderungen. Manche der Anrufer waren höflich, und es war ihnen sichtlich peinlich, uns anzurufen. Ich erinnere mich da an einen Mann, der nach seiner Stimme zu urteilen schon etwas älter war.

Er brachte sein Anliegen vor, und man merkte es ihm an, dass ihm die Sache peinlich war. Er bat uns darum, ihm die Kosten für den Stern auf sein Konto zu überweisen oder das Geld in seinen Briefkasten zu werfen. Im Hintergrund hörte ich, wie seine Frau ihm zurief: „Die Leute brauchen uns die Kosten für die Werkstatt nicht zu bezahlen, das wollen wir nicht. Die armen Eltern sind schon gestraft genug."

Die Fahrzeughalter, die recht unverschämt und fordernd wurden, waren eigentlich in der Minderheit.

Trotzdem: Nach nur wenigen Tagen war ich ein Nervenbündel. Klingelte das Telefon, bekam ich so starkes Herzklopfen, dass ich richtig zu zittern begann, und mir wurde jedes Mal übel. Ja, ich vermied sogar, ans Telefon zu gehen, wenn mein Mann zu Hause war; sollte er sich doch mit diesen Leuten auseinandersetzen. Ich ging dann zitternd und mit weichen Knien in ein anderes Zimmer und wartete darauf, dass mein Mann mir berichtete, wer am Apparat gewesen war. Am Ende wollte ich selbst das nicht mehr wissen, ich wollte einfach nur, dass es aufhörte.

Ganz schlimm unter Druck war ich, wenn meine Mutter oder die Schwiegereltern zu Besuch bei uns waren. Wir lebten zwei Leben nebeneinander. Wenn die Eltern da waren, musste alles aussehen wie immer. Den Kindern schärften wir ein, sich bei Oma und Opa nicht zu verplappern. Die Großeltern durften keinen Verdacht schöpfen, dass irgendetwas nicht in Ordnung sein könnte. Wir wollten nicht, dass sich unsere Eltern über die ganze Sache aufregten und sie dann am Ende Marc bittere Vorwürfe machten. Marc war schon bestraft genug.

Den Geburtstag meiner Mutter Anfang Januar wollten wir, wie in den letzten Jahren auch, bei uns zu Hause feiern. Mit ihren 81 Jahren schaffte sie es nicht mehr, eine Geburtstagsfeier bei sich zu Hause auszurichten. Der viele Besuch und die Telefonanrufe an diesem Tag, verbunden mit all den Vorbereitungen für Kaffee und Kuchen und das Abendessen waren ihr einfach zu viel. So kam sie an diesem Tag schon morgens zu uns. Wir hatten auch die Schwiegereltern und alle unsere Kinder eingeladen, ich hatte Kuchen gebacken, und so freute sie sich auf einen schönen Tag.

Für mich aber war es eine riesige Anspannung. Mein Mann hatte Frühdienst, und so war ich erst einmal allein mit meiner Mutter. Immer wieder dachte ich: *Hoffentlich klingelt jetzt nicht das Telefon oder es kommt jemand vorbei, der Geld von uns haben möchte.* Ich stand unter Hochspannung, da ich wusste, wie neugierig meine Mutter sein konnte. Um die Mittagszeit passierte es dann tatsächlich: Ich hatte schon durch das Küchenfenster gesehen, wie eine mir fremde Frau in die Richtung unseres Hauses ging. Schlagartig wurde mir klar, dass dies nur eine weitere Geldforderung sein konnte.

Sekunden später klingelte es an der Tür. Ich beeilte mich, zur Tür zu gehen, bevor meine Mutter dies tat. So leise wie nur irgend möglich versuchte ich, mit der Frau zu reden, damit meine Mutter nicht hörte, worum es ging. Meist lief sie hinter mir her, um zu sehen, wer gekommen war.

Ich hatte Glück! Sie bekam zwar mit, dass ich der Frau Geld brachte, aber nicht, aus welchem Grund ich es ihr gab. Natürlich fragte sie später, was denn die Frau gewollt hatte. Aber sie gab sich damit zufrieden, als ich ihr einfach sagte: „Die Frau hatte noch Geld von uns zu bekommen." Das war ja auch die Wahrheit.

Innerlich zitterte ich aber, und es dauerte noch eine ganze Weile, bis ich mich wieder beruhigt hatte. Der Rest des Tages verlief dann ohne weitere Zwischenfälle.

Auch unsere anderen Kinder wurden in ihrem Bekanntenkreis auf Marc und die Sache mit den Mercedessternen angesprochen. Am Anfang – wir hatten Matthias, unserem Ältesten, noch nichts von der ganzen Sache erzählt – kam er eines Abends nach Hause und fragte uns: „Sagt mal, was hat denn der Marc gemacht? Die Polizisten in unserem Fußballverein haben gesagt, der Marc hätte bei Leuten

Autoembleme geklaut. Stimmt das? Einem Kumpel von mir ist das Audi-Emblem geklaut worden. War er das etwa auch? Wenn ja, dann wird er das Ding schleunigst zurückbringen. Wie steh ich denn jetzt vor meinen Freunden da? So was kann er doch nicht machen!"

Wir schauten auf die Schadensliste, fanden aber den Namen von Matthias' Freund nicht. Anscheinend hatte er keine Anzeige erstattet. Als wir Marc fragten, sagte er nur: „Ja, bei dem war ich auch, aber das Emblem habe ich mit den anderen bei der Polizei abgegeben."

Würde es noch mehr solcher Überraschungen geben?, fragte ich mich.

Da Marc zugab, auch dieses Emblem gestohlen zu haben, marschierte er mit seinem Vater zu dem geschädigten jungen Mann, um sich zu entschuldigen und den Schaden zu bezahlen.

Die Tage schlichen dahin, und fast jeden Tag kamen neue Forderungen.

Aber auch unsere Sorge um Marc wurde größer. Die Schule hatte wieder begonnen, und auch seine Mitschüler wussten schon über alles Bescheid.

Er wollte nicht mehr mit dem Bus zur Schule fahren. Anscheinend, um unliebsamen Bemerkungen aus dem Weg zu gehen, beschloss er, die elf Kilometer morgens und mittags mit dem Fahrrad zurückzulegen.

Seine Schulnoten verschlechterten sich ebenfalls wieder. Bei einem Gespräch mit seiner Klassenlehrerin sagte diese zu mir: „Marc macht im Unterricht kaum noch mit. Er sitzt meist teilnahmslos an seinem Platz und hat ständig rot unterlaufene Augen. Oft legt er seinen Kopf auf den Tisch und passt einfach nicht mehr auf. Könnte es sein, dass er Drogen nimmt? Lassen Sie doch einmal einen Drogentest machen."

Wir dachten darüber nach, aber verwarfen diesen Vorschlag der Lehrerin wieder, da wir uns nicht vorstellen konnten, dass Marc Drogen nahm.

Um ihm zu helfen, meldeten wir ihn zum Nachhilfeunterricht an und hofften, dass sich seine Noten wieder verbessern würden. Leider war das nicht der Fall, da er in den vergangenen Monaten zu wenig getan hatte. Seine Wissenslücken waren einfach zu groß geworden, und uns wurde klar, dass er all diesen Stoff nicht mehr nachholen konnte.

Auch mir ging es immer schlechter. Nicht nur mein Magen rebellierte immer mehr, ich bekam zusätzlich immer öfter Schmerzen in meiner linken Brusthälfte und Schweißausbrüche. Ständig war ich von einer geradezu bleiernen Müdigkeit befallen. Es war, als ob man mir das Mark aus den Knochen saugen würde. Ich hatte keine Kraft mehr in mir. In dieser Zeit hatte ich eines Nachts einen Traum:

Ich stand in unserem Garten und schaute mich um. Ich sah die Bäume und Büsche und unsere Pergola, an der sich der Wein hochrankte, und ich freute mich an allem, was ich sah. Da wurde mein Blick auf Insekten gelenkt, die so groß wie Heuschrecken waren. Es war ein ganzer Schwarm, der plötzlich über alles, was in unserem Garten wuchs, herfiel. Sie fraßen alles bis auf den Stumpf ab, und ich sagte mir im Traum: „Die fressen ja wirklich alles ab!"

Da aber fiel mein Blick auf den Weinstock, der über und über voller Trauben hing. Bis hierhin waren die Insekten noch nicht gekommen. Viele Trauben waren schon reif und fielen ab, andere waren noch nicht reif und hingen grün am Weinstock. Der Boden war bedeckt mit heruntergefallenen Trauben, und ich dachte: *Ich muss sie aufheben, damit sie nicht verderben.* Ich hatte eine Schürze an, so wie früher meine Mutter, und legte so viele Trauben in die Schürze, wie ich konnte. Gleichzeitig fing ich aber auch an, die Trauben wieder an andere Menschen zu verteilen, da es für uns zu viele waren. Dann wurde ich wach.

Als ich darüber nachdachte, schien es, als ob Gott zu mir sagte: „Mach dir keine Sorgen. Auch wenn es so aussieht, als ob all eure Finanzen weggefressen werden wie Blätter an den Bäumen, so wirst du doch auch weiterhin genug haben, um noch an andere verteilen zu können."

Wie eine Bestätigung fiel mir eine Begebenheit ein, die wir wenige Tage zuvor erlebt hatten. Schon seit einigen Jahren fahre ich in der Zeit zwischen Januar und März zu einer Ausschlaf- und Verwöhnwoche in eine christliche Tagungsstätte in der Rhön. Seit einigen Jahren fährt ein befreundetes Ehepaar mit, und seit vier Jahren auch mein Mann. Diesen Freunden hatten wir aber schon gesagt, dass wir wegen eines finanziellen Engpasses nicht wüssten, ob wir auch in diesem Jahr mitfahren könnten. Den genauen Grund teilten wir ihnen nicht mit.

Wenige Tage vor meinem Traum hatten uns diese Freunde zu einem Spaziergang mit anschließendem Kaffeetrinken eingeladen. Es tat mir wohl, aus dem Haus zu kommen, mich mit meiner Freundin zu unterhalten und die frische Luft zu genießen. Außerdem würde uns hier im Nachbarort kaum jemand kennen. Wir gingen durch den winterlichen Wald und plauderten ganz entspannt, bis sie plötzlich stehen blieb, ihren Mann anschaute und sagte: „Hans, wollen wir es ihnen jetzt sagen?"

Wie nach einem riesigen Donnerschlag war meine Ruhe und Entspannung dahin. *Sie wissen es. Marc hat auch bei ihnen ein Autoemblem abgerissen! Was sollen wir jetzt bloß tun? Wie stehen wir denn jetzt vor unseren Freunden da, es kann ja wohl kaum peinlicher werden!*

Ja, auch sie wohnten doch in der betreffenden Gegend, in der Marc aktiv gewesen war. Es gab für mich einfach keine andere Erklärung, als dass Marc bei seinen Streifzügen sich auch an einem oder vielleicht sogar an ihren beiden Autos vergriffen hatte. Wahrscheinlich hatten sie dann von anderen Geschädigten oder von der Polizei unseren Namen erfahren. Aber warum machte Conny nur so ein Geheimnis daraus?

Hans aber, ihr Mann, wollte es uns jetzt noch nicht sagen und verwies auf später: „Das können wir doch nachher beim Kaffeetrinken besprechen."

Na klasse, warum sagen sie es uns denn nicht gleich, da wäre die ganze Sache schneller ausgestanden.

Jetzt konnte ich mich nicht mehr auf das Gespräch mit meiner Freundin konzentrieren, geschweige denn auf das Kaffeetrinken freuen. Ich merkte, wie meine Panik mit jedem Schritt, den wir zurücklegten, wuchs. Was würden sie sagen? Immer wieder fragte ich mich, was Marc wohl bei ihnen kaputt gemacht hatte. War etwa ihr Schaden größer als der Schaden der anderen Leute? Es kam mir gar nicht in den Sinn, dass sie uns vielleicht irgendetwas anderes erzählen wollten. Was sonst hätten sie mit uns zu besprechen? Vielleicht war es ihnen ja auch peinlich, uns darauf anzusprechen. Doch es gab kein Zurück, wir konnten nicht davonlaufen, da mussten wir nun durch.

Der Weg zurück zu ihrem Haus zog sich endlos in die Länge, und als wir endlich dort angekommen waren, wäre ich am liebsten gleich nach Hause gefahren.

Beim Kaffeetrinken aber erwartete uns eine echte Überraschung. Als wir am gemütlich gedeckten Tisch saßen, sagte Conny: „Wir wollten mit euch über die Ausschlafwoche reden. Ihr habt uns ja erzählt, dass es bei euch in diesem Jahr finanziell eng ist und ihr deshalb erwägt, nicht mitzufahren. Es wäre aber schade, wenn ihr nicht dabei wäret, mit euch zusammen macht es doch viel mehr Spaß! Deshalb haben wir uns Folgendes gedacht: Ihr bekommt von uns in diesem Jahr nichts zum Geburtstag geschenkt, und dafür geben wir euch etwas zu der Ausschlafwoche dazu. Was haltet ihr davon?"

In diesem Moment konnte ich mich nicht mehr beherrschen, die Tränen schossen mir wie durch einen gebrochenen Damm aus den Augen. Das war jetzt doch zu viel für mich. Mit allem hatte ich gerechnet, nur damit nicht. Ich hatte mich innerlich schon auf Ärger eingestellt, und jetzt sollten wir beschenkt werden? Alle Tränen, die ich in den letzten Wochen in der Öffentlichkeit mühsam zurückgehalten hatte, brachen nun auf einmal aus mir heraus. Die ganze Zeit hatte ich mir im Beisein von anderen immer gesagt: *Reiß dich zusammen, nur nicht weinen, niemand soll sehen, wie es in dir aussieht.*

Meine arme Conny, sie wusste gar nicht, was hier passierte. Betroffen schwiegen alle.

Es dauerte eine Weile, bis ich fähig war, ihnen zu berichten, was vorgefallen war. Sie hatten absolut keine Ahnung! Mein Mann saß nur still neben mir.

Langsam, nach und nach begriff ich: Gott hatte tatsächlich Freunden in ihr Herz gelegt, uns zu helfen, damit wir in der Lage waren, in Urlaub zu fahren. Das konnte nur von ihm sein. Dankbar nahmen wir ihr Angebot an und hofften nur, dass am Ende noch so viel von unserem Ersparten übrig blieb, dass wir den Rest für die Ausschlafwoche bezahlen konnten.

Es schien wirklich, als ob Gott uns durch diese Begebenheit und dann durch meinen Traum mit den Insekten versichern wollte, dass er alles unter Kontrolle hatte. Ein kleines Fünkchen Hoffnung stieg langsam in mir auf, aber es brannte nur kurz. Trotz dieser Ermutigung zog ich mich immer mehr von meiner Umwelt zurück. In dieser Zeit habe ich viel gebetet und Trost bei Gott gesucht.

Schon seit Jahren stehe ich morgens um 5 Uhr auf, mache mir eine Tasse Tee und gehe in unser Büro im Keller. Dort beginne ich den Tag, indem ich bete und in meiner Bibel lese. In dieser Zeit der Stille höre ich auf das, was Gott mir in seinem Wort sagt. Manchmal sind es Worte des Trostes, manchmal auch der Ermahnung, und immer wieder werden mir neue Dinge bewusst.

Ich meditiere darüber und überlege, wie ich das Gelesene in meinem Alltag umsetzen kann. In dieser Zeit rede ich mit Gott über alle Dinge, die ihn, meine Familie, meine Freunde, mich und andere betreffen, und danke ihm für alles Gute, das er uns schenkt. Wenn ich dann gegen Viertel nach sechs die Kinder wecke, bin ich normalerweise gestärkt für den Tag und alles, was kommt.

Auch in dieser Zeit wollte ich nicht auf meine Stille mit Gott verzichten, ja, ich empfand sie als wichtiger denn je und erlebte, wie mich seine Worte trösteten, mir Mut machten und mich beruhigten.

Es waren Worte wie die folgenden, die mich trösteten: „Durch Stillesein und Hoffen würdet ihr stark sein" (Jesaja 30,15). Ich begriff: In meiner eigenen Kraft war ich nicht stark genug, um alles durchzustehen, nur mit ihm konnte ich es schaffen.

Und danach hieß es: „Und der Herr wird euch in Trübsal Brot und in Ängsten Wasser geben" (Vers 20). *Wenn das stimmt, dann wird Gott uns in unserer Not versorgen, und wir werden keinen Mangel haben. Er will uns geben, was wir brauchen – zur rechten Zeit die rechte Gabe!*

Auch das war so ein stärkendes Trostwort: „Alle eure Sorge werft auf ihn; denn er sorgt für euch" (1. Petrus 5,7). Ich konnte es aber noch nicht so ganz glauben, dass er es auch wirklich tun würde, denn meine Gedanken kreisten über unseren Geldsorgen wie Geier über dem Aas. Ich überlegte ständig, was ich tun konnte, um alle noch ausstehenden Rechnungen zu bezahlen. Dabei hatte ich doch Weihnachten erst gehört: „Gerade wenn wir meinen, vor lauter Dunkelheit nichts mehr zu sehen, ist er uns besonders nahe. Schon in unserer Nacht und Not werden wir unserem Retter begegnen."

Wollte oder konnte ich meine Sorgen nicht loslassen und sie ihm übergeben? Würde ich es tun, dann hieße das ja die Kontrolle abzugeben, sie in andere Hände zu legen ... mich in diese Hände fallen zu lassen.

Oder ich las: „Ich, ich bin euer Tröster! Wer bist du denn, dass du dich vor Menschen gefürchtet hast, die doch sterben, und vor Menschenkindern, die wie Gras vergehen?" (Jesaja 51,12) Ganz tief in meinem Inneren wusste ich, dass diese Worte die Wahrheit waren. Ja, warum sollte ich mich vor Menschen fürchten? Gott war doch unser Versorger, und er hatte versprochen, dass wir keinen Mangel an irgendeinem Gut haben würden.

Aber wenn dann in unserem Briefkasten wieder neue Rechnungen lagen, dann dachte ich nur an unser immer weniger werdendes Geld. Wenn ich mir dann auch noch die Liste der Geschädigten ansah, dann überkam mich im Angesicht der vielen Namen, die sich noch nicht bei uns gemeldet hatten, einfach die Angst.

Doch Gott ließ mich in dieser Zeit weder los, noch ließ er uns allein.

Eines Tages rief eine liebe Freundin bei uns an und sagte: „Erika, ihr braucht jetzt fachliche Hilfe. Eure Krankenkasse bezahlt auch psychologische Betreuung. Frag doch einmal bei deinem Hausarzt nach, ob er dir nicht so etwas verschreiben kann. Auch Marc braucht Hilfe. Er muss das doch auch alles verarbeiten, was er getan hat, und da könnt ihr ihm wahrscheinlich nicht helfen."

Meine erste Reaktion war: „Ich brauche keinen Psychiater!"

Aber für Marc, der sich ja immer mehr zurückzog und zum Teil auch aggressiv wurde, wäre so etwas wichtig, das sah ich schon ein. Auch die Bitte von Marcs Klassenlehrerin kam mir wieder in den Sinn. Ob bei ihm vielleicht doch Drogen im Spiel waren?

Es hatte sich in der Zwischenzeit einfach so viel aufgestaut, dass ich nun selbst merkte: Wir schaffen das nicht mehr alleine. Auch mein Mann war oft ratlos, obwohl er die ganze Situation besser zu verarbeiten schien. Während ich immer noch die Schuld für Marcs Verhalten bei uns suchte, mich fragte, was wir falsch gemacht hatten, reagierte mein Mann mit einer tiefen Ruhe: „Wer weiß, vielleicht hilft uns Gott ja durch einen Psychologen. Wenn die Krankenkasse das bezahlt, solltest du vielleicht doch einmal zu unserer Hausärztin gehen. Frag sie doch einmal. Mehr als nein sagen kann sie ja nicht. Einen Versuch ist es auf jeden Fall wert."

Ich wusste, dass er recht hatte, und so gab ich mir einen Ruck und ging zu unserer Hausärztin. Als ich dann bei ihr im Sprechzimmer saß und von Marc erzählen wollte, passierte es: Ich brach weinend zusammen! Es war jetzt das zweite Mal, dass mir das passierte, und plötzlich verstand ich: Ich war nicht mehr die starke Erika. Hier war ich überfordert und brauchte wie mein Sohn professionelle Hilfe. Geduldig wartete meine Hausärztin ab, bis ich mich einigermaßen beruhigt hatte und ihr erzählen konnte, was passiert war.

Sie hörte sich alles an und entschied, sofort etwas zu tun. „Wissen Sie was", sagte sie zu mir, „ich kenne eine gute Kinder- und Jugendpsychologin. Die werde ich jetzt anrufen und versuchen, so schnell wie möglich für Marc einen Termin zu bekommen. Es wäre gut, wenn Sie sich dann die Zeit nehmen würden, um mit Marc dort hinzugehen. Und machen Sie bitte auch für sich dort einen Gesprächstermin aus. Ich verschreibe Ihnen das Gleiche. Sie brauchen auch Hilfe." Sofort griff meine Hausärztin zum Telefon und machte für Marc einen Termin bei der Kinderpsychologin aus. Erleichtert verließ ich wenig später ihre Praxis. Ich war mir sicher, die richtige Entscheidung getroffen zu haben, und hoffte, dass es nun langsam bergauf gehen würde.

Mit der Hausärztin hatte ich außerdem über die Bitte von Marcs Klassenlehrerin gesprochen, doch einen Drogentest machen zu lassen. Sie hatte nichts dagegen, und wir einigten uns darauf, Marc unvorbereitet einen solchen Test machen zu lassen.

Einige Tage später machte Marc seinen Drogentest, und als wir später das Resultat in den Händen hielten, waren wir erleichtert: Er hatte keine Drogen genommen. Er hatte also die Wahrheit gesagt, als er uns versicherte, dass er keine Drogen nahm. Einmal, gab er zu, habe er etwas probiert, aber das sei nicht so gut gewesen. Erst viel später wurde uns klar, woher seine roten Augen kamen: Marc hat seit Jahren eine Allergie gegen Hausstaubmilben. Leider haben wir in dieser Situation nicht daran gedacht. Auch seine Teilnahmslosigkeit im Unterricht klärte sich später auf: Er hatte in den letzten Wochen so viel Stoff verpasst, dass er mittlerweile dem Unterricht nicht mehr folgen konnte und einfach versuchte, die Zeit irgendwie herumzukriegen. So legte er den Kopf auf den Tisch und machte nicht mehr mit. Warum auch – er wusste ganz genau, dass er es nicht mehr schaffen konnte, und resignierte.

Sein Halbjahreszeugnis im Februar war dann miserabel. Als wir es sahen, wussten wir, dass er das Schuljahr mit seinen jetzigen Leistungen nicht schaffen würde. Wir stellten bei der Schulleitung und der Klassenlehrerin den Antrag auf eine freiwillige sofortige Rückstufung. So hätte Marc die Chance, den ganzen verpassten Stoff in aller Ruhe noch einmal nachzuholen.

Dazu musste nur noch die Klassenkonferenz zustimmen. Leider lehnte diese unseren Antrag ab. Erst später erfuhren wir, dass man Marc einfach loswerden wollte. Er war in der Vergangenheit in der Schule schon mehrfach durch Streiche aufgefallen, und man hoffte anscheinend, ihn so loszuwerden. Man dachte wohl, wir würden ihn von der Schule nehmen und auf eine Realschule schicken, so wie Marc es ursprünglich gewollt hatte. Das taten wir aber nicht, und Marcs Handballtrainer ermutigte uns darin. Marc würde sein Abitur schaffen, er war intelligent genug, das wussten wir. Vielleicht würde er das Schuljahr ja doch noch schaffen, wenn er sich dahinterklemmte. Und wenn nicht, dann würde er eben sitzen bleiben.

Die Hausärztin hatte mir bei meinem Besuch Antidepressiva verschrieben, die meine Stimmung verbessern sollten. Sie hatten bei mir eine durchschlagende Wirkung: Ich war wie ausgeschaltet, konnte gar nicht mehr klar denken und noch nicht einmal mehr meine normalen Hausarbeiten verrichten. Mein Magen, der sich bis dahin schon mit ständiger Übelkeit gemeldet hatte, wollte jetzt gar nicht mehr mitmachen. Ich hatte keinen Appetit mehr und wenn ich ehrlich war, dann wollte ich mich nur noch in eine Ecke verkriechen und eine Decke über den Kopf ziehen.

Mittlerweile kamen die ersten höheren Rechnungen: 300 Euro, 500 Euro, 1000 Euro. Wir gingen schon seit einiger Zeit nicht mehr auf die Leute zu, die geschädigt waren, um den entstandenen Schaden zu bezahlen. Der Polizist hatte uns gebeten, die Leute nicht mehr aufzusuchen, sondern zu warten, bis diese sich bei uns meldeten. Das kam mir sehr entgegen.

Einige Leute hatten der Polizei gesagt, dass sie auf Schadensersatzforderungen verzichten würden. Wie viele und wer das letztlich war, konnte der Polizist uns nicht sagen. Immer noch gingen weitere Anzeigen bei der Polizei ein, auch wenn es jetzt langsam weniger wurden. So bezahlten wir also die eingehenden Rechnungen munter weiter.

Der Jugendleiter unserer Gemeinde lud Marc ab und an ein, etwas mit ihm zu unternehmen oder in die Jugendgruppe mitzukommen, und Marc ging mit. Das war neben seinem Handball und der Schule das Einzige, wofür er das Haus verließ.

Freunde ermutigten uns in dieser Zeit, nicht aufzugeben. Freundinnen machten mir Mut durch Besuche, Anrufe, Briefe oder Geldgeschenke. Ermutigung erfuhren wir sogar manchmal durch einen anonymen Brief mit Geld und einem Mut machenden Bibelvers dabei. Wir merkten, dass wir nicht allein waren. Meine Mutter schickte uns aus heiterem Himmel einen größeren Geldbetrag. Sie sagte, sie hätte das Empfinden, dass sie uns einmal etwas Gutes zukommen lassen sollte.

Auch Marcs Patentante nahm sich Zeit, als sie erfuhr,

was passiert war, und kam uns besuchen, um uns zu ermutigen und zu helfen. Sie blieb zwei Tage bei uns, und wir hatten viel Zeit, um miteinander zu reden. Das tat mir so unendlich gut. Sie verstand mich, da sie nicht nur Marcs Patentante, sondern auch meine beste Freundin ist. Schon oft haben wir uns gegenseitig mit Rat und Tat geholfen.

Mit ihr und einer anderen Freundin fuhr ich einen Nachmittag während dieser zwei Tage in ein kleines Café. Ich musste aus meinen vier Wänden heraus, und dort konnten wir uns in netter Atmosphäre in Ruhe unterhalten. Meine andere Freundin brachte mir ein Blumentöpfchen mit. Das tat so gut!

Es wurde ein wunderbarer Nachmittag. Wir tranken gemütlich Kaffee und aßen leckeren Kuchen. Ich konnte mir alles von der Seele reden; meine beiden Freundinnen hörten einfach zu und machten mir Mut. Beim Abschied reichte mir die eine Freundin einen Briefumschlag: „Das ist noch für dich!" Als ich zu Hause den Umschlag öffnete, waren 300 Euro darin, und auf einer Karte hatte meine Freundin geschrieben: „Das Geld ist ein kleiner Beitrag für eure Ausschlafwoche."

Ich konnte Gott nur danken. Er dachte in dieser Zeit sogar daran, uns durch unsere Freunde Geld für unseren Urlaub zukommen zu lassen! Jetzt konnten wir also wirklich fahren, denn zusammen mit dem, was unsere anderen Freunde dazutun wollten, war der Urlaub nun bestimmt bezahlt.

Am nächsten Tag wurde Marcs Patentante von ihrem Mann abgeholt. Inge – so heißt meine Freundin – und ihr Mann Elia hatten schon immer ein sehr inniges Verhältnis zu unserem Sohn. Bevor sie wieder nach Hause fuhren, nahm sich Elia noch die Zeit, um in Ruhe allein mit Marc zu reden. Es war so gut, dass die beiden da waren.

Sie ließen auch einen Umschlag mit Geld bei uns zurück. Mit dem Inhalt konnten wir dann eine andere Rechnung begleichen, die noch offen war.

Immer wieder, wenn wir Geld geschenkt bekamen, war es für uns eine Bestätigung, dass wir uns nicht sorgen sollten, weil Gott für uns sorgte.

3. Wunschkinder

Unsere Kinder sind Wunschkinder. Jedes Einzelne von ihnen hatten wir ersehnt, erbeten und gewünscht. Als mein Mann und ich heirateten, wollten wir auch Kinder. Möglichst drei Jungen und drei Mädchen, das war mein Traum.

Kurz vor unserer Hochzeit 1983 verlor ich im Rahmen einer der Gesundheitsreformen meine Arbeitsstelle als Masseurin und medizinische Bademeisterin. *Nun*, dachte ich, *dann bleibe ich eben zu Hause*. Wir wollten so schnell wie möglich unser erstes Kind, und mein Mann bestärkte mich darin, zu Hause zu bleiben und mich auf meine Aufgaben als Mutter vorzubereiten.

Leider klappte es mit dem Schwangerwerden nicht so, wie wir es uns gedacht hatten. Ein Monat nach dem anderen zog ins Land, und ich wurde nicht schwanger. Wir konsultierten meinen Frauenarzt, aber er konnte keinen Grund finden, warum ich nicht schwanger wurde. Immer wieder bat ich Gott, uns doch ein Kind zu schenken, aber es war, als ob der Himmel verschlossen war. Langsam schien es mir, als ob all mein Glück von einer Schwangerschaft abhängig war. „Warum, Herr, schenkst du uns kein Kind? Willst du mich für irgendetwas bestrafen?"

Ich suchte die Schuld bei mir. Vielleicht hatte ich etwas falsch gemacht. Ich hatte in meiner Jugend ein sehr wildes Leben geführt, und ich war mir fast sicher, dass Gott mich jetzt dafür bestrafen wollte. Vielleicht war Gott ja so unberechenbar wie mein Vater.

Voller Neid schaute ich auf andere Frauen, die schwanger waren oder mit einem Kinderwagen durch die Stadt gingen.

Ein Jahr nach unserer Hochzeit war ich immer noch nicht schwanger. Dann, an einem Montag im August, geschah es: Mein Mann hatte Dienst und ich war allein zu Hause. Wie ein dunkler Schatten kam der ganze Schmerz über die ausbleibende Schwangerschaft über mich. Ich weinte und weinte und brachte meine ganze Verzweiflung vor Gott. Zuerst schrie ich ihn an, dann klagte ich ihn an, und etwas später bat ich ihn wieder um Vergebung. Ich fragte Gott: „Warum schaffen wir es nicht, dass ich schwanger werde?" Ich wollte eine Antwort!

Als ich mich etwas beruhigt hatte, nahm ich meinen Andachtskalender in die Hand, um auf andere Gedanken zu kommen. Dort stand für diesen Tag in fetten Buchstaben ein Bibelvers aus dem Markusevangelium Kapitel 5,34. Jesus sagte: „Meine Tochter, dein Glaube hat dich geheilt; geh hin mit Frieden und sei gesund von deiner Plage."

Der Verfasser der Andacht schrieb, dass er einmal in einer Zeitschrift die Überschrift: „Wenn Gott will, schießt ein Besen", gelesen hatte. Er wusste, Gott kann Wunder tun! Er muss es nicht, aber er kann es. Er möchte seine wunderbare Kraft helfend in unserem Leben einsetzen und wartet auf unseren Glauben. Alles kommt darauf an, dass wir ihm Großes zutrauen. Er kennt unsere Sehnsucht, er weiß um unsere Not. Aus dieser Not rettet nicht die Lehre über Jesus, sondern allein die Kraft Jesu. Er wartet darauf, dass wir mit gläubigem Vertrauen zu ihm kommen, dann wird er auch heute helfen.

Natürlich, dachte ich sofort, damit war ich gemeint. Es war meine Plage, dass ich noch kein Kind hatte. Wollte Gott mich jetzt davon heilen? Wollte er uns nun tatsächlich ein Kind schenken, oder bildete ich mir das alles nur ein? Einen Moment lang hatte ich das Gefühl durchzudrehen. Dann aber wurde ich innerlich seltsam ruhig und spürte, dass Gott mir etwas sagen wollte.

„Herr", sagte ich zu ihm, „wenn das kein Wunschtraum, sondern dein Wille für mich ist, dann sag es mir bitte noch etwas deutlicher. Ich möchte nicht enttäuscht werden."

Ich nahm meine Bibel zur Hand und schlug sie auf. Damals hatte ich einen Bibelleseplan, mit dem ich in einem Jahr durch die Bibel lesen konnte. An diesem 13. August waren Abschnitte aus 2. Könige 4 dran.

Während ich las, stutzte ich plötzlich, denn dort stand eine Geschichte vom Propheten Elisa, wie er eine schunemitische Frau für ihren Dienst belohnen wollte. Er schickte seinen Knecht zu ihr und ließ sie nach ihrem Wunsch fragen. Elisa trug seinem Diener Gehasi auf, mit der Frau zu sprechen: „Sage ihr: ... was soll ich dir dann tun? Sein Knecht Gehasi sprach: Ach, sie hat keinen Sohn und ihr Mann ist alt.

Er (Elisa) sprach: Ruf sie her! Und als er sie rief, trat sie in die Tür. Und er sprach: Um diese Zeit übers Jahr sollst du einen Sohn herzen. Sie sprach: Ach nicht, mein Herr, du Mann Gottes! Täusche deine Magd nicht!

Und die Frau ward schwanger und gebar einen Sohn um dieselbe Zeit übers Jahr, wie ihr Elisa zugesagt hatte."

Ich war sprachlos, verstand aber im gleichen Augenblick, was Gott mir sagen wollte: Wir konnten kein Kind machen, es sollte ein Geschenk Gottes an uns sein. Ganz tief in mir wusste ich, dass ich in einem Jahr einen Sohn haben würde, ja, ich wusste es. Gott hatte zu mir geredet, und endlich hatte ich es verstanden: Es war keine Fata Morgana, es sollte wahr werden.

Das Kalenderblatt vom Montag, dem 13. August 1984 habe ich noch heute in meiner Bibel liegen, und es erinnert mich immer noch daran, dass nicht bei uns, sondern bei Gott alle Dinge möglich sind.

Am 30. Mai 1985, etwa neun Monate später, wurde unser erstes Kind geboren, ein Sohn!

Als ich ihn das erste Mal in meinen Armen hielt, konnte ich einfach nur staunen. Gott hatte uns wirklich reich beschenkt. Welch ein Wunder so ein Kind doch ist!

Nur fünfzehn Monate später wurde unser zweiter Sohn geboren, und in kurzen Abständen folgten bis 1993 noch drei weitere Kinder, darunter auch Marc.

Schon während meiner ersten Schwangerschaft besorgten wir uns Bücher über Kindererziehung, und später kamen diverse Kassetten, Seminare und noch mehr Bücher dazu. Wir waren uns darüber im Klaren, wie wichtig Kindererziehung ist, und mein Mann und ich wollten uns gut auf diese Aufgabe vorbereiten.

Wie schon erwähnt, wollte ich mich voll auf die Erziehung unserer Kinder konzentrieren. So ging ich in den Jahren, als die Kinder noch klein waren, nicht noch zusätzlich in meinem Beruf arbeiten. Mein Mann arbeitet im Schichtdienst, und so war es ihm möglich, viel zu Hause zu sein und sich an der Erziehung unserer Kinder zu beteiligen.

Von unseren Eltern konnten wir nicht viel Hilfe erwarten. Mein Vater war nur wenige Monate nach unserer Hochzeit gestorben, und meine Mutter hatte keinen Führerschein. Wenn sie uns besuchen wollte, dann musste sie mit dem Zug in die nahe gelegene Stadt fahren, und wir mussten sie von dort abholen. Der letzte Zug nach Hause fuhr dann schon wieder sehr früh. So kam es, dass sie nur selten zu uns kam.

Meine Schwiegereltern halfen überwiegend ihrer Tochter, wenn jedoch Not am Mann war, kam die Schwiegermutter auch zu uns, um zu helfen. Das war aber nicht sehr oft.

Es war eine schöne, wenn auch sehr anstrengende Zeit. Ich erinnere mich noch gut daran, wie es war, nachdem unser fünftes Kind geboren war. Als David endlich keine Windeln mehr brauchte, feierten mein Mann und ich das Wickelende mit einer Flasche Sekt und entsorgten feierlich den alten Windeleimer. Über zehn Jahre hatten wir durchgehend Kinder gewickelt, und jetzt begann die windelfreie Zeit.

Jedes unserer Kinder ist ein besonderes Geschenk, und so waren auch ihre ersten Lebensjahre ganz besondere Zeiten. Wir lebten damals noch in einer Mietwohnung mitten in einem kleinen Dorf. Ganz idyllisch stand das Haus, in dem wir wohnten, an einem kleinen Bach. Im Sommer war das ein begehrter Spielplatz, wo sich unsere Kinder voller Freude tummelten. Ebenso gerne waren sie auf dem Bauernhof in der Nachbarschaft. Am Bach wuchs ein großer Baum, unter dem eine alte Bank stand. Hier trafen sich die Dorfbewohner im Sommer, und während die Kinder im und um den Bach herum spielten, unterhielt man sich. In unserer Straße wohnten viele Kinder, und so hatten unsere Sprösslinge immer Gesellschaft.

Gemeinsam machten wir mit Nachbarn und ihren Kindern auch Spaziergänge. Besonders beliebt war ein Feldweg, der über eine belebte Bundesstraße führte. Hier standen wir immer mit unseren Kindern auf einer Brücke und winkten den vorbeifahrenden Autos und Lastwagen zu, in der Hoffnung, dass ein großer Laster hupte. Viele taten das, und die Kinder jauchzten vor Freude.

Unsere Kinder durften auch bei dem Bauern in der Nachbarschaft im Stall „mithelfen", was ihnen vor allem im Sommer immer viel Spaß machte.

Ich erinnere mich noch daran, dass sich Andreas immer freute, wenn die Bäuerin ihm ein frisch gelegtes Ei schenkte. Er nahm es, machte sich ein Loch in die Schale und saugte es auf dem Weg zu unserem Haus aus. Ich fand dies nicht nur eklig, ich machte mir auch ernsthafte Gedanken um seine Gesundheit. Hoffentlich zog er sich keine Salmonelleninfektion zu! Er aber lachte mich nur an und sagte: „Ach Mama, das ist doch sooo lecker."

Unsere Kinder wuchsen dort auf dem Land in einer kleinen heilen Welt auf. Die Vermieter unserer Wohnung, ein altes Ehepaar, waren wie Opa und Oma für sie, und so fühlten wir uns wie in einer großen Familie. Sie wohnten über uns, und wann immer unsere Kinder zu ihnen gingen, waren sie willkommen.

Leider wurde nach der Geburt unseres vierten Kindes die Wohnung zu klein. Am Anfang hatten wir nur ein Kinderzimmer, dafür aber ein Esszimmer. Als unser drittes

Kind geboren war, baten wir unsere Vermieter, Küche und Esszimmer in zwei Kinderzimmer umzubauen und das Kinderzimmer in eine große Essküche. Sie erlaubten es uns und wir waren glücklich, hatten wir doch jetzt zwei Kinderzimmer und ein wenig mehr Platz. Mit Marcs Geburt aber platzten wir aus allen Nähten.

Wir beschlossen zu bauen.

In einem Nachbardorf fanden wir ein schönes Grundstück am Rande eines Vogelschutzgebietes. Hierhin bauten wir dann unser Häuschen, und als wir im August 1993 einzogen, zog auch David, unser „Baukind", mit ein, das nur vier Wochen später geboren wurde.

Unser ältester Sohn musste nach den Sommerferien die Schule wechseln und kam in die dritte Klasse. Unser zweiter Sohn wurde eingeschult, und unsere Tochter kam in einen neuen Kindergarten. Alle drei Kinder fanden recht schnell Anschluss und brachten bald erste neue Freunde mit nach Hause. Ich freute mich für die Kinder, dass sie ihre alten Freunde nicht zu sehr vermissten.

Vor allem für mich war es eine Zeit des Umbruchs. Zehn Jahre hatten wir im Nachbarort gewohnt und dort viele Freunde gewonnen. Ich hatte richtiges Heimweh und konnte mich nur ganz langsam eingewöhnen. Nachts träumte ich oft von unserer alten Wohnung. Ich lief darin herum und hatte ständig Angst, dass die neuen Mieter mich entdeckten. Die Leute, die bei uns im Neubaugebiet wohnten, waren alle sehr freundlich und entgegenkommend, aber ich vermisste meine alten Nachbarn.

Einige Monate nach unserem Umzug und nach meiner fünften Geburt merkte ich, wie müde ich immer war. Der

Hausbau und die fünfte Schwangerschaft waren nicht ohne Folgen für mich geblieben. Dazu kam, dass David, unser Jüngster, nicht nur ein aufgewecktes Bürschchen zu werden schien. Er war immer aktiv und wollte vor allem nur zu seiner Mama, ja, er hing im wahrsten Sinne des Wortes an mir. Oft klammerte er sich an meine Beine und ließ einfach nicht mehr los.

Nachts, wenn er wach wurde, schrie er und wollte nur zu mir ins Bett. Doch auch dort kam er nicht zur Ruhe. Ständig fingerte er mit einer Hand am Stoff meines Schlafanzuges, während er mit der anderen genüsslich am Finger lutschte. Damit aber nicht genug: Mama musste zu ihm schauen, umdrehen war für mich verboten. So etwas hatte ich vorher noch nicht erlebt. Es gab kaum eine Nacht, in der ich schlafen konnte.

Nach nicht einmal zwei Jahren war ich körperlich am Ende. Meine Hausärztin sagte damals zu mir: „Frau Kern, so geht es nicht weiter, Sie müssen unbedingt wieder zu Kräften kommen", und verordnete mir eine Kur, und zwar ganz alleine. In der letzten Schwangerschaft hatte ich zudem einen Diabetes bekommen, der mir auch nach der Geburt erhalten blieb.

Die Caritas stellte für die Zeit der Kur eine Haushaltshilfe, um die Versorgung der Kinder sicherzustellen. So fuhr ich zum Auftanken in die Kur.

Es war eine wunderbare Zeit und ich fühlte mich so beschenkt. Endlich hatte ich einmal Zeit nur für mich. Zu Hause, so versicherte man mir, lief alles wie am Schnürchen, und ich brauchte mir um meinen Mann und die Kinder keine Sorgen zu machen. So konnte ich mich entspannen und tun, was mir Spaß machte. Schon nach kurzer Zeit fühlte ich mich besser.

Frisch gestärkt fuhr ich dann vier Wochen später wieder nach Hause. Ich hatte neue Kraft, mein Diabetes war verschwunden. Ich konnte mich nun wieder voller Elan meiner Familie widmen, und es folgte eine wunderbare, ruhige Zeit mit meiner Familie. Mir ging es körperlich besser, die Kinder wurden größer.

Doch allmählich kamen damit auch neue Herausforderungen, Sorgen und Probleme in unser Familienleben. Solange die Kinder klein gewesen waren, hatten wir keine Schwierigkeiten, Ratschläge aus Büchern umzusetzen. Doch jetzt, als die Kinder größer wurden, ließ sich nicht mehr alles so ohne Weiteres im Leben unserer Familie anwenden.

So fuhren wir zu Familienseminaren, um zu lernen und uns Rat von Eltern zu holen, die über mehr Erfahrung in der Kindererziehung verfügten als wir. „Wir werden es schon schaffen", versicherte mein Mann mir immer wieder. Davon war ich auch überzeugt. Was sollte uns schon passieren? Schließlich zogen wir beide an einem Strang, wir waren uns einig darüber, was unsere Kinder durften und was nicht. Wir beteten für unsere Kinder, erzählten ihnen von Gott und was Jesus für uns getan hatte.

Jedes unserer fünf Kinder hatte einen lebendigen Kinderglauben. Sie gingen gerne mit uns in unsere Gemeinde und später auch alleine auf Kinderfreizeiten.

Ich dachte, dass wir unsere Kinder ohne größere Probleme gut durch ihre Kindheit und Jugend bringen würden. Nach meiner Vorstellung mussten wir nur alles richtig machen, und unsere Kinder würden den Weg einschlagen, den wir ihnen vorausgegangen waren. Leider war das ein Trugschluss.

Heute sehe ich: So vieles lag gar nicht in unserer Hand. War das nicht wieder so wie damals, als ich unbedingt schwanger werden wollte? Auch da dachte ich, wir könnten es „machen". Die Lektion von damals hatte ich schon wieder vergessen. Als unsere Kinder noch klein waren, hatte ich oft überheblich auf andere Eltern herabgeschaut. Auf Eltern, deren Kinder in meinen Augen nicht erzogen waren. *Meine Kinder*, dachte ich, *werden so etwas nie tun. Wir werden unsere Kinder richtig erziehen.*

Meiner Meinung nach war das alles reine Erziehungssache. Dass auch Kinder irgendwann ihre eigenen Erfahrungen machen müssen, daran dachte ich damals nicht. Auch dass unsere Kinder bald ihre eigenen Entscheidungen treffen würden, die vielleicht anders aussahen als meine, kam mir nicht in den Sinn.

Naiv, wie ich war, dachte ich wohl, dass unsere Kinder immer das tun würden, was wir ihnen gesagt hatten oder was sie von uns gelernt und gesehen hatten. Stand das nicht auch so in den Erziehungsbüchern? Auch in den vielen christlichen Romanen ging doch immer alles gut aus, warum also sollte es bei uns anders sein? Ich merkte nicht, dass ich damit in einer Traumwelt lebte, einer Traumwelt von der perfekten Familie.

4. Zeitbombe

Marc war nicht unser erstes Kind, mit dem wir Probleme hatten. Ja, es hatte sogar Zeiten gegeben, in denen wir dachten, dass es nicht noch schlimmer werden könnte.

Von dem Moment an, als Matthias, unser Ältester, in die Pubertät kam, änderte sich unser so ruhiges Familienleben schlagartig.

Da unsere Kinder in dichter Reihenfolge nacheinander geboren waren, kamen sie auch in dieser Reihenfolge schnell nacheinander in die Pubertät. Kinderkassetten wie „Freddy der Esel" oder „Eugen und Ede", später dann unsere beliebten Abenteuerkassetten von Hanno Herzler, die wir hörten, bis wir sie auswendig kannten, wurden gegen Rockmusik und später gegen Punk, Metal und Gothic Rock eingetauscht. Es war aber nicht nur der Musikstil, der uns nicht gefiel, sondern vor allem die Texte. Sie waren oft genug gewalttätig, pervers oder gotteslästerlich.

Aber egal, was es war – wir hörten uns die Musik an und suchten das Gespräch mit den Kindern. Wir erklärten ihnen, was wir darüber dachten, und machten ihnen klar, warum wir solche Texte nicht in unserem Haus haben wollten. Dabei boten wir ihnen immer Alternativen an.

Es war uns wichtig, ihnen zu erklären, wie solche zum großen Teil perversen und gotteslästerlichen Texte in ihre Gedankenwelt eindringen und sie beeinflussen würden. Leider wollten die Kinder nicht auf uns hören, ja sie beschafften sich immer schlimmere Sachen. Auch die Freunde, mit denen sie jetzt häufiger verkehrten, entsprachen nicht mehr unserer Vorstellung von guten Freunden.

Die beiden Ältesten begannen schon sehr früh, zu rauchen und mit ihren Freunden Alkohol zu trinken. Mit einigen Eltern dieser Freunde konnten wir ins Gespräch kommen und versuchten gemeinsam, den Kindern Alternativen zu bieten. Doch auch diese Eltern waren oft einfach ratlos, und manchmal erzählten sie uns von ihrer Not. Ich versuchte ihnen dann weiterzugeben, was uns half. Ich erinnere mich an eine Mutter, die mir weinend berichtete, dass ihr Sohn sie schlagen wollte. Sie war vollkommen verzweifelt. Ein anderes Elternpaar sagte zu mir: „Wir wissen einfach nicht mehr, was wir noch mit unserem Sohn machen sollen. Er rebelliert nur noch und macht, was er will. Wir kommen nicht mehr an ihn heran."

Unsere Söhne wurden zunehmend aggressiver, und die Musik, die sie jetzt hörten, ging in die rechtsradikale und satanistische Richtung. Es waren furchtbare Texte. Sooft wir auch CDs mit satanistischem, rechtsradikalem und fremdenfeindlichem Hintergrund entfernten, so oft wurden sie wieder gekauft. Letztendlich war kein vernünftiges Gespräch mit unseren Söhnen mehr möglich.

Springerstiefel und Bomberjacke bei dem einen, schwarzer Ledermantel, Nietenarm- und Halsbänder bei dem anderen Sohn rundeten bald das Erscheinungsbild unserer beiden Söhne ab. Hatte Andreas seine schwarze Kluft und seine stacheligen Halsbänder an, erinnerte er mich immer irgendwie an einen Pitbull. Es fehlte nur noch das Schild mit der Aufschrift: „Vorsicht, bissiger Hund."

An einem Geburtstag meines Mannes überraschte uns dieser Sohn mit seiner neuen Frisur: einer Glatze! Es war am Nachmittag, als die Großeltern gerade zum Geburtstagskaffee zur Tür hereinkamen. Unser Sohn kam freudestrahlend mit seiner Glatze herein und wollte auch noch bewundert werden. Meine Mutter war total geschockt und sagte nur: „Du siehst ja aus, als kämst du gerade aus dem KZ." Die andere Oma hielt sich erschrocken den Mund zu, und ich schämte mich furchtbar für unseren Sohn.

Nur wenige Monate später hatte auch der zweite einen kahl geschorenen Kopf und sagte grinsend zu uns: „Das ist aus Versehen passiert." Damit war die Sache für ihn erledigt.

Immer öfter stand die Polizei vor unserer Haustür oder es kamen Anrufe aus der Schule wegen Prügeleien mit Mitschülern, aggressivem Verhalten und bei einem der beiden, weil seine Leistungen so absackten. Wenn das Telefon klingelte und sich jemand aus der Schule, auf die unsere beiden ältesten Söhne gingen, meldete, fragte ich schon gleich: „Wer von den beiden hat denn wieder etwas angestellt?" Ständig wurden wir in die Schule vorgeladen. Ich glaube, es gab keinen Lehrer, der uns nicht mit Namen kannte.

Andreas, unser zweiter Sohn, hörte sich seine Musik ständig so laut über Kopfhörer an, dass man sie noch durch seine geschlossene Zimmertür hörte. Irgendwann konnte er sich nicht mehr auf seine Hausaufgaben oder den Unterricht konzentrieren. Schwarz gewandet und aschfahl murmelte er von morgens bis abends seine Musiktexte vor sich hin. Während eines Gespräches mit seinem damaligen Mathematiklehrer formulierte es dieser uns gegenüber sehr treffend: „Andreas kann sich nicht mehr auf die Schule konzentrieren, er ist im Kopf wie besetzt, da geht nichts anderes mehr hinein. Ich würde ihm ja gerne helfen, aber ich weiß einfach nicht mehr, wie."

Andreas traf sich mit seinen Freunden irgendwo unter einer Bahnbrücke und trank und trank und trank. Doch nicht nur das, er verletzte sich selbst, indem er sich mit einem Messer in die Arme ritzte oder Zigaretten auf seiner Haut ausdrückte. Immer, wenn ich ihn anschaute, hatte ich das Gefühl, dass er von einer anderen Macht beherrscht wurde. Es tat mir so weh, meinen Sohn, den ich doch liebte, so heruntergekommen zu sehen. Selbst auf Hygiene legte er keinen Wert mehr. War das wirklich noch mein Kind?

Einmal, als er wieder mit seinen Freunden unter der Brücke trank, stellte er sich im Suff auf die Bahngleise und wurde in letzter Sekunde, bevor ein Zug ihn überfuhr, von einem Saufkumpan heruntergerissen.

Ein anderes Mal grillte er im Sommer mit seinen Freunden auf einer Wiese bei einem nahe gelegenen Fluss. Irgendwie fiel er dann betrunken an einer nicht so tiefen Stelle ins Wasser und blieb mit dem Gesicht nach unten liegen. Auch da konnte er noch rechtzeitig herausgezogen werden, bevor er ertrank. Es schien, als hätte er sich mit dem Tod eingelassen ...

Oft wurde er von seinen Freunden total betrunken nach Hause gebracht. Direkt neben Andreas' Zimmer war unsere Gästetoilette. Aus ihr hörte ich eines Nachts ein seltsames Geräusch. Als ich versuchte, die Tür zur Toilette zu öffnen, ließ sie sich nur wenige Zentimeter bewegen. Es drang ein widerlicher, säuerlicher Geruch zu mir heraus. Ich rief meinen Mann, und gemeinsam konnten wir die Tür öffnen. Nun sahen wir, woher der Geruch kam. Andreas lag direkt vor der Toilette in seinem Erbrochenen. Er hatte die Toilette, das Waschbecken und den Fußboden vollgebrochen.

Anscheinend hatte er noch versucht, alles mit Toilettenpapier aufzuwischen, und dabei die Toilette verstopft, bevor er umgefallen war und das Bewusstsein verloren hatte.

Jetzt lag er da und regte sich nicht mehr. Voller Angst fühlte ich seinen Puls … *Gott sei Dank*, dachte ich, *er lebt!*

Auf der inneren Intensivstation, auf der mein Mann als Fachpfleger arbeitet, hat er auch immer wieder mit Alkoholvergiftungen zu tun. Daher wusste er genau, was zu tun und worauf zu achten war. Gemeinsam schleppten wir Andreas in sein Zimmer, zogen ihn aus und legten ihn ins Bett. Mein Mann blieb bei ihm, während ich alles wieder sauber machte. Dann knieten wir uns vor sein Bett und beteten für ihn. Es war, als wollte mein Herz zerreißen, als ich ihn so vor mir liegen sah. Was war aus diesem einst so fröhlichen Kind geworden? War das noch dieselbe Person?

In unserer Not und Sorge um unsere Kinder baten wir Freunde um Gebetsunterstützung, da wir einfach nicht weiterwussten. Wir bettelten darum, dass jemand unseren Kindern helfen sollte, aber es schien, als ob unsere Not niemanden interessierte. Nur ab und an rief ein Freund aus unserer Gemeinde an und traf sich mit einem der Jungen.

Als Andreas in der Schule immer schlechter wurde, ließen wir ihn freiwillig ein Jahr wiederholen. Für kurze Zeit schien sich eine Besserung in den Leistungen abzuzeichnen, und er bekam einen Klassenlehrer, mit dem er sich gut verstand. Doch die Besserung war nicht von Dauer. Seine Noten verschlechterten sich wieder, und es schien, als ob er jegliche Motivation verloren hätte. Er kam einfach nicht weiter. Bis in die Nacht war er mit seinen Freunden unterwegs zum Trinken und hatte am nächsten Morgen natürlich noch nicht ausgeschlafen. Irgendwie hatte er innerlich resigniert; nur manchmal schien es, als ob er sich aufbäumte und es noch mal probieren wollte. Vielleicht würde er es ja doch schaffen. Aber das ging so schnell vorüber, wie es begonnen hatte. Wir sorgten uns um ihn, er brauchte doch eine gute Schulbildung und vor allem einen guten Schulabschluss. Wie sonst sollte er denn später einen Ausbildungsplatz bekommen?

Manche seiner Lehrer machten ihm Mut und versicherten ihm, dass er es schaffen könne. Auch wir ermutigten ihn zu lernen, nicht aufzugeben und es immer wieder neu zu probieren. Wir wussten, dass er nicht dumm war, sahen aber auch die Realität. Ja, sein Lehrer hatte recht, wenn er sagte, dass er im Kopf besetzt sei. Alle seine Gedanken waren im Banne einer dunklen Macht, die ihn mit eiserner Klaue festhielt und vernichten wollte.

Schwarz gekleidet, abgemagert, mit leerem, trostlosem Blick und unverständliche Dinge vor sich hinmurmelnd ging er durch den Tag. Ein vernünftiges Gespräch war mit ihm gar nicht mehr möglich. Meist schrie er uns an: „Lasst mich doch alle in Ruhe, ich bin alt genug, um zu wissen, was ich tue, und was richtig ist."

Wenn seine Freunde in der Tür standen, um ihn abzuholen, war es, als ob eine finstere Wolke in unser Haus kam. Man kann so etwas nicht in Worte fassen. Die meisten waren so wie er schwarz gekleidet, mit dicken Nieten-, Arm- oder Halsbändern, und sahen einfach nur furchterregend aus. So, als wären sie lebendig tot. Andere Freunde unseres Sohnes kamen in Bomberjacke und Springerstiefeln. Auf der einen Seite empfand ich Hass auf sie, auf der anderen Seite aber regte sich in mir so etwas wie Mitleid. Sie waren wie unser Andreas einfach gefangen.

Nur manchmal kam noch ein Hauch von dem Jungen durch, der er einmal gewesen war. Dann lachten wir gemeinsam und schöpften wieder neue Hoffnung auf Veränderung. Ansonsten aber war er wie eine Zeitbombe, von der man nicht wusste, wann sie hochgehen würde.

Immer wieder fragten wir uns, wie wir ihm helfen konnten. Gespräche lehnte er bis auf wenige Ausnahmen ab. Ließ er sich doch auf ein Gespräch ein, versprach er, alles zu tun, um eine Besserung herbeizuführen. Leider hielt das Versprechen nur, solange seine Freunde nicht in der Nähe waren.

Wir baten Gott, auf ihn aufzupassen und ihn auf einen neuen, guten Weg zu bringen. Ich erinnerte mich damals oft an einen Ausspruch, den ich einmal gehört hatte: „Wenn du nicht mehr mit deinen Kindern über Gott reden kannst, kannst du aber immer mit Gott über deine Kinder reden." Ich war mir sicher, dass damit auch das normale Gespräch mit meinen Kindern gemeint war, und dass ich über alles, was meine Kinder betraf, mit Gott reden konnte. Er würde einen Weg zum Herzen meiner Kinder finden, dessen war ich mir sicher, auch wenn es oft nicht so aussah.

In dieser Zeit gab es kaum eine Nacht, in der ich durchschlafen konnte. Wenn die Jungen unterwegs auf einer Party waren, konnte ich einfach nicht einschlafen. „Du änderst nichts damit, wenn du nicht schläfst", sagte mein Mann. „Wenn etwas passiert, werden wir die Ersten sein, die informiert werden. Du machst dir einfach zu viele Sorgen, du wirst sehen, es wird schon alles wieder gut werden."

„Na super, toll, du hast gut reden, was bringt dich eigentlich aus der Ruhe? Was soll ich denn tun, wenn ich nicht einschlafen kann?", entgegnete ich ihm dann meist.

Es war nicht so, dass mein Mann sich keine Sorgen machte. Aber er hatte einfach tiefen Frieden darüber, dass Gott auf unsere Kinder aufpassen würde, während ich unbewusst dachte, ich könnte die Situation durch mein Sorgen ändern. Als mir das klar wurde, entschloss ich mich, etwas dagegen zu tun.

Eines Abends bat ich Gott: „Herr, ich weiß, ich kann durch mein Sorgen bei meinen Kindern nichts bewirken und auch nicht überall mit ihnen hingehen, um auf sie aufzupassen. Aber ich weiß, dass du sie noch viel mehr liebst als ich und dass dich ihre Situation noch viel mehr schmerzt als mich. Wenn ich durch mein Sorgen nicht schlafen kann, schade ich mir nur selbst. Bitte geh du mit meinen Kindern und pass du auf sie auf. Du kannst das sowieso viel besser als ich. Bitte sei aber auch bei uns zu Hause und schenke mir Schlaf, damit ich morgens ausgeruht bin. Lass mich einfach schlafen und weck mich nur dann, wenn es wichtig ist. Danke, Herr. Amen."

Von diesem Tag an schlief ich abends ein, und ich wurde wirklich nur noch in wichtigen Situationen wach. Die gab es aber noch zur Genüge.

Eine solche kam in einer Nacht, als mein Mann Nachtdienst hatte. Als ich abends mit den Kindern zu Bett ging, war Andreas noch nicht zu Hause. Dennoch schlief ich, wenn auch unruhig, ein. Mitten in der Nacht aber wurde ich durch ein seltsames Geräusch geweckt. Als ich aufstand und nachschaute, konnte ich nichts entdecken. Vielleicht hatte ich mich getäuscht. Ich legte mich wieder hin und versuchte einzuschlafen.

Es dauerte nicht lange, da hörte ich leise Stimmen und Schritte im Flur. Mein Herz klopfte so schnell und stark, dass ich dachte, es müsse jeden Moment zerspringen. Wer war da im Flur? Waren das Einbrecher? Panik machte sich in mir breit. Ich war allein, und die Kleinen schliefen, was sollte ich tun? Ich beschloss, mich ruhig zu verhalten und abzuwarten, was geschehen würde.

Jetzt hörte ich, wie sich eine Tür schloss. Es war die Tür zu Andreas' Zimmer. Ich hörte seine Stimme, wie er mit jemandem sprach und wie eine andere Person ihm antwortete. Nur einzelne Sprachfetzen drangen an mein Ohr: „... mich kennenlernen ... werde ich ihr zeigen ... Soll sehen ... Bring ich um", und dazwischen immer wieder ein furchtbares, kreischendes Lachen, das nicht menschlich zu sein schien. Mir gefror das Blut in den Adern. Wer war da mit Andreas zusammen in seinem Zimmer?

Voller Angst betete ich um Gottes Schutz für mich und die Kinder. Ich wartete einige Minuten und hörte auf das Gemurmel im Nachbarzimmer. Dann nahm ich all meinen Mut zusammen und ging zu Andreas' Zimmertür.

Die Stimmen drangen noch immer an mein Ohr. Sollte ich wirklich hineingehen? Wer weiß, wer da bei Andreas war. Noch einmal stellte ich mich unter den Schutz des Blutes Jesu, fasste den Türgriff und drückte ihn herunter.

Groß war mein Erstaunen, als ich in dem Raum nur Andreas fand. Er war total betrunken und versuchte sich mit einer Hand auszuziehen. Als er mich sah, wurde er zur Furie. Die Augen, mit denen er mich anschaute, schienen nicht von ihm zu sein. Sie stierten mich blutunterlaufen und voller Hass an. Er sah aus wie eine Raubkatze, die sich gerade auf ihr Opfer stürzen wollte. Panik erfasste mich, als ich das Messer in seiner Hand sah.

Minutenlang versuchte ich unter ständigem innerlichem Beten und mit leisen Worten, ihn zu beruhigen. Kaum hatte ich ihn so weit, dass er sich hinlegte, sprang er auch schon wieder auf. Irgendwann wurde er ruhiger und legte sich – leise vor sich hinmurmelnd – auf sein Bett. Vorsichtig verließ ich den Raum und ging ins Schlafzimmer.

Dort kniete ich mich vor mein Bett, weinte und betete, bis ich vor Müdigkeit nicht mehr konnte. In der Zwischenzeit war Andreas in seinem Zimmer eingeschlafen, und ich zog mich ins Bett hinein. Ich fiel in einen unruhigen Schlaf.

Am nächsten Tag konnte sich Andreas an nichts mehr erinnern. Mir aber brannte sich diese Nacht tief in meine Seele ein.

Seine Emotionen schwankten täglich zwischen Spott und Hass, übersprudelnder Freude und Depression. Innerhalb von nur zwei Jahren waren seine Schulnoten auf dem Nullpunkt angelangt. Hausaufgaben wurden einfach vergessen, in der Schule fiel er mehr durch irgendwelche Blödeleien und Aggressionen auf als durch Lernen. Schaute man in seine Schulmappe, dann sah man darin nicht viel: Lose Blätter, ein paar heruntergewirtschaftete und verschmutzte Hefte und Bücher, ein paar Stifte und natürlich seine Zigaretten.

Es gab für uns keine Möglichkeit mehr, zu ihm durchzudringen. Sein ganzer Hass schien nur noch uns und der Schule zu gelten. Überhaupt waren die Lehrer und wir Eltern ja an allem schuld. Nie suchte er die Schuld bei sich selbst. Manchmal fragte ich mich: *Sind wir daran schuld, dass sich unsere Söhne so entwickelt haben? Was haben wir nur falsch gemacht in unserer Erziehung?*

Es kam, wie es kommen musste: Er blieb in der neunten Klasse sitzen. Noch im Frühjahr hatte er gehofft, er würde es schaffen, aber dann erlaubte er sich noch einige größere Schnitzer, die ihm seine Lehrer zu Recht sehr übel nahmen. Es half also alles nichts – er musste dieses Schuljahr wiederholen.

Als er sein Zeugnis in den Händen hielt, wurde Andreas wohl zum ersten Mal seit langem bewusst, auf welch dünnem Eis er sich bewegte. Dies war seine zweite Ehrenrunde, und wenn er die auch nicht schaffte, dann hätte er keinen Schulabschluss. Er sackte in ein tiefes Loch, und es schien uns, als würde er sich vollkommen aufgeben. An einem Tag war er himmelhoch jauchzend, am nächsten

Tag zu Tode betrübt. Diese Gemütsschwankungen waren auch für uns und unsere anderen Kinder nur schwer auszuhalten. Das ganze Klima in unserer Familie litt darunter. All das dauerte nun schon so lange, und ich fragte mich, wann endlich eine Veränderung eintreten würde.

In dieser Zeit, als unsere beiden Ältesten uns so große Sorgen machten, weinte ich mich oft bei Gott aus. Einmal erinnerte er mich an eine Bibelstelle aus dem Alten Testament: „Man hört eine klägliche Stimme und bitteres Weinen auf der Höhe; Rahel weint über ihre Kinder und will sich nicht trösten lassen über ihre Kinder, denn es ist aus mit ihnen. Aber der Herr spricht also: Lass dein Schreien und Weinen und die Tränen deiner Augen; denn deine Arbeit wird wohl belohnt werden, spricht der Herr. Sie sollen wiederkommen aus dem Lande des Feindes; und deine Nachkommen haben viel Gutes zu erwarten, spricht der Herr; denn deine Kinder sollen wieder in ihre Grenzen kommen" (Jeremia 31,15-17; Scofield-Übersetzung).

Da konnte ich nur noch schluchzen. Ja, mit diesen Worten konnte ich mich vollkommen identifizieren, ich weinte über meine Kinder. Doch Gott ließ mir durch diese Verse Trost zukommen. Ich schrieb sie mir auf, sie sollten mir in den kommenden Jahren noch oft zum Trost in dunklen Tagen werden. Immer wieder erinnerte ich Gott dann an diese Worte und sagte: „Herr, du hast mir versprochen, dass du meine Kinder aus den Klauen des Feindes herausreißt und sie wieder nach Hause in ihre Grenzen kommen werden. Ich danke dir, dass du dir jetzt schon einen wunderbaren Weg ausgedacht hast, um dieses Versprechen wahr werden zu lassen."

Trotzdem war diese Zeit ungeheuer schwer für mich. Einmal schrieb ich in mein Tagebuch: „Das Leben ist für mich wie eine dunkle Grube geworden. Ich schreie täglich zu Gott. Wann hört er mich und verändert unsere Jungen? Wie lange dauert es noch, bis er uns hilft? Meine Tränen kann ich nicht mehr zählen. Ich weine und weine und weine um meine Kinder. Es ist eine Qual für mich, unseren beiden Jungen zuzuschauen. Ich sehe, wie sie in die Dunkelheit hineinlaufen und es auch noch schön finden. Ich habe Angst um meine Kinder. Ist denn keiner da, der ihnen helfen kann? Wie lange müssen wir das noch aushalten? Wie lange müssen sie sich noch von den Mächten der Finsternis quälen lassen? Ich habe keine Kraft mehr! Doch tief in meinem Herzen weiß ich, dass Gott immer noch größer ist. Er wird sich über meine Kinder erbarmen, auch wenn ich es jetzt noch nicht sehe und noch nicht weiß, wie es geschehen wird. Er hat mir versprochen, dass meine Kinder wieder aus dem Lande des Feindes herauskommen werden. Ich will mich an sein Wort halten, an die Zusagen und Ermutigungen, die er mir täglich gibt."

Danach habe ich mir unter anderem folgende Bibelstellen notiert: „Es soll nicht durch Heer oder Kraft, sondern durch meinen Geist geschehen" (Sacharja 4,6). Es war mir klar, dass keine menschliche Kraft und Überredungskunst meine Kinder aus dieser Not herausholen konnte. Es würde Gottes Geist sein, der sie herauszog.

Und: „Lass dir an meiner Gnade genügen; denn meine Kraft ist in den Schwachen mächtig" (2. Korinther 12,9). Als Kommentar schrieb ich dazu: „Beschäftige dich mit Jesus, seiner Erlösung, seinem Sieg, und er wird dich herausheben aus der finsteren Grube, in der du sitzt, und an sein Herz nehmen." Ich wusste, nur er konnte die Herzen meiner Kinder verändern, und er tat es. Zwar anders, als ich erwartet hatte, aber er griff ein.

Es war in den Sommerferien, als die Situation mit Andreas eskalierte. Zusammen mit den Kindern wollten wir für zwei Tagen zu Freunden fahren. Es waren die Paten unseres ältesten Sohnes Matthias. Wir freuten uns schon auf dieses Treffen, da wir uns seit längerem nicht gesehen hatten. Unsere Tochter wollte lieber zu Hause bleiben, und auch Andreas wollte nicht mit. Ich hatte kein gutes Gefühl dabei, ihn zu Hause zu lassen, aber er versprach uns: „Ich pass schon auf mich auf und bau auch ganz bestimmt keinen Mist. Ihr könnt mir vertrauen, außerdem ist Rebekka ja auch da. Ihr könnt uns ruhig alleine zu Hause lassen, wir werden uns benehmen."

Wir waren zwar von seinen Beteuerungen nicht überzeugt, wollten ihm aber einen Vertrauensvorschuss geben. So fuhren wir dann am nächsten Tag los nach Kulmbach zu unseren Freunden und verlebten dort einen wunderbaren und ruhigen Tag. Es tat gut, einmal etwas anderes zu sehen und ein wenig auszuspannen.

Als wir am Abend zu Hause anriefen, schien alles in Ordnung zu sein. Rebekka erzählte uns, dass Andreas bei seiner Freundin sei. „Mama, mach dir keine Sorgen, entspann dich und macht euch morgen noch einen schönen Tag. Bis übermorgen dann", waren ihre Worte, bevor sie auflegte.

„Na siehst du", sagte mein Mann zu mir, „du machst dir

einfach zu viele Sorgen." Vielleicht hatte er ja recht, dachte ich, und beschloss, die Zeit zu genießen.

Auch der nächste Morgen verlief ruhig. Nach dem Frühstück entschlossen wir uns, ein bisschen die Gegend anzuschauen, wir kehrten unterwegs zum Mittagessen ein und kamen ganz entspannt und fröhlich am späten Nachmittag wieder zurück. Matthias war bei seinen Paten geblieben und erwartete uns schon mit einer schlechten Nachricht: „Ihr müsst sofort zu Hause anrufen, da ist irgendetwas passiert. Andreas liegt im Krankenhaus. Rebekka hat angerufen, als ihr gerade weggefahren seid." (Es war noch vor dem Handy-Zeitalter.)

Eine total aufgelöste Tochter erwartete schon unseren Anruf und erzählte uns, was passiert war: „Andreas ist gestern Abend bei seiner Freundin gewesen. Er hatte sehr viel getrunken, und es ist zum Streit zwischen ihm und Nadine gekommen. Ihr ist die Sauferei einfach zu viel geworden, und sie hat mit ihm Schluss gemacht und ihn vor die Tür gesetzt."

Da stand er dann vor ihrer Haustür und tobte. Anscheinend wurde ihm in diesem Moment seine ganze miese Situation schlagartig klar: Er war abhängig vom Alkohol und seinen Zigaretten, musste in der Schule zum zweiten Mal die Klasse wiederholen, er hatte da nur noch eine Chance, und zu guter Letzt gab ihm jetzt auch noch seine Freundin den Laufpass …

Da er aber wohl so betrunken war, dass er nicht mehr klar denken konnte, ging er statt nach Hause, wo seine Schwester auf ihn wartete, in die entgegengesetzte Richtung. Er lief im Dunkeln über Felder und durch einen

Wald und wusste irgendwann nicht mehr, wo er war. Er ging aber immer weiter, bis er an eine große Straße kam. Es war eine viel befahrene Bundesstraße.

Zu dieser Zeit klingelte bei der Polizei in der Nähe dieser Straße das Telefon. Ein Anrufer meldete, dass ein anscheinend lebensmüder Mann auf der Bundesstraße ginge. Die Polizei machte sich sofort auf die Suche, aber erfolglos. Wenig später brachte ein Lastwagenfahrer den betrunkenen jungen Mann zur Polizei und lieferte ihn dort ab. Er sagte, der junge Mann wäre ihm fast in den Lkw gelaufen. Nur der schnellen Reaktion des Fahrers war es zu verdanken, dass Andreas nicht überfahren worden war.

Die Polizei nahm seine Personalien auf, und da Andreas nur wirres Zeug von sich gab und sagte, dass er nicht mehr leben wolle, brachten die Polizisten ihn wegen Selbstmordgefahr in die nächste Psychiatrie. Danach fuhren sie zu uns nach Hause, um uns zu verständigen. Dort trafen sie aber nur auf unsere Tochter.

„Mama, ihr müsst so schnell wie möglich nach Hause kommen und euch bei der Polizei und in der Psychiatrie melden", bat sie uns am Telefon. Wir beruhigten sie zunächst einmal und versprachen, dass wir uns um alles kümmern würden.

Mein Mann beschloss in seiner gewohnt ruhigen Art, zuerst einmal in der Klinik anzurufen und sich zu erkundigen, wie jetzt die Situation war und wie es Andreas in der Zwischenzeit ging.

Es dauerte eine ganze Weile, bis er endlich den richtigen Arzt am Telefon hatte. Dieser versicherte ihm, dass unser Sohn so weit wieder in Ordnung war, und fragte meinen Mann, ob Andreas denn vorher schon einmal versucht hatte, sich umzubringen. Da man ihn in der Klinik weiter für selbstmordgefährdet hielt, wollte der Arzt ihn in eine Jugendpsychiatrie einweisen und brauchte dazu unsere Einwilligung. Würden wir diese verweigern, dann müssten wir unseren Sohn noch am gleichen Tag abholen.

Die Einwilligung konnten wir nicht einfach so geben, darüber wollten wir zuerst einmal nachdenken, außerdem konnten wir jetzt sofort sowieso nicht kommen, um Andreas abzuholen. Es war später Nachmittag und würde keinen Sinn ergeben, jetzt noch Hunderte von Kilometern nach Hause zu fahren, um ihn dann irgendwann in der Nacht aus der Klinik abzuholen.

Mein Mann erklärte dem diensthabenden Arzt, dass wir nicht zu Hause, sondern bei Freunden in Oberfranken seien, Andreas aber so schnell wie möglich abholen würden. Gleich am nächsten Morgen würden wir losfahren, und wir baten den Arzt, ihn doch noch über Nacht in der Klinik zu behalten, damit wir in Ruhe überlegen konnten, was zu tun sei. Es war dem Arzt nicht recht, das merkten wir, aber dennoch stimmte er zu.

Wir brauchten diese Stunden, um uns erst einmal von dem Schock zu erholen und unsere Gedanken zu sortieren. Es war gut, dass wir hier bei unseren Freunden waren. Wir nutzten den Abend dazu, uns mit ihnen zu beraten und zu überlegen, was wir tun sollten. „Lasst euch nur nicht einschüchtern und trefft erst eine Entscheidung, wenn ihr genau wisst, was ihr mit ihm machen wollt", rieten sie uns. Aber was sollten wir mit dem Jungen machen?

Das Beste, so empfanden wir, wäre eine Entziehungskur

in irgendeiner Klinik. Vielleicht gab es ja irgendwo sogar eine Möglichkeit in einer christlichen Einrichtung für Jugendliche in Deutschland, hoffte ich.

Es folgte eine unruhige Nacht. Wir baten Gott, uns einen Weg aus dieser Situation zu zeigen. Vor allem aber, wie wir Andreas am besten helfen konnten. Nach dem Frühstück packten wir unsere Sachen und machten uns auf den Heimweg.

Dort erwartete uns unsere Tochter schon sehnsüchtig. Völlig aufgelöst erzählte sie uns noch einmal alles, was passiert war. Sie hatte sich auch in Andreas' Zimmer umgesehen und erzählte uns, dass er sich am Nachmittag des betreffenden Tages ganz furchtbare Musik angehört hatte. Sie sagte: „In den Texten ging es nur um Tod, es war ganz eklig." Sie hatte, nachdem die Polizei bei ihr gewesen war, die ganzen CDs herausgesucht und übergab sie uns jetzt.

Nachdem wir uns etwas frisch gemacht hatten, fuhren wir zur Klinik. Noch immer wussten wir nicht, was wir mit Andreas tun sollten. Wir wussten nur, dass wir ihn so nicht mit nach Hause nehmen würden. Das Risiko, dass ihm etwas passierte, war uns einfach zu groß.

Als wir in die Klinik kamen, war uns ganz mulmig zumute. Viele Fragen gingen uns durch den Kopf, während wir in den Aufzug stiegen und nach oben fuhren. Was würde uns hier erwarten? Wie würde Andreas „drauf sein"? Ob er überhaupt mit uns nach Hause wollte? Was würde der Arzt sagen?

Der zuständige Arzt fragte sofort, ob er Andreas in die Kinder- und Jugendpsychiatrie überweisen sollte oder ob wir ihn mit nach Hause nehmen wollten. Die Überweisung in die Psychiatrie wollten wir nicht, denn die nächste Jugendpsychiatrie war mehr als hundert Kilometer entfernt, und wir kannten die niederdrückende Situation da. Aber wir konnten ihn auch nicht mit zu uns nehmen, ohne zu wissen, wie es weitergehen sollte. So weigerten wir uns einfach, ihn so, wie er war, mitzunehmen.

Wir erbaten noch einen zusätzlichen Tag und erklärten dem Arzt, dass wir eine Einrichtung suchen würden, in der unser Sohn eine Entziehungskur machen könnte, und dass ihm vielleicht auf diese Art geholfen werden könnte. Es gelang uns, den Arzt zu überzeugen, aber wir wussten, eine weitere Nacht in der Klinik war das Äußerste, wozu er bereit war. Wir mussten also in den nächsten vierundzwanzig Stunden eine Einrichtung für Andreas finden.

Nach dem Gespräch mit dem Arzt gingen wir dann zu unserem Andreas. Er saß auf einem Stuhl im Flur und wartete schon auf uns. Als ich ihn sah, hätte ich am liebsten losgeweint. Er sah einfach furchtbar aus. Zusammengesunken saß er da, wie ein Häufchen Elend in seinen verdreckten Kleidern, und schaute uns mit einem erbarmungswürdigen Blick an. Nie zuvor habe ich einen solchen Ausdruck in den Augen eines Menschen gesehen. Er war voller Schmerz, Angst und Hoffnungslosigkeit, es war, als ob man von einem weidwunden Tier angeschaut würde. Mein ganzes Leben lang werde ich diese Augen nicht vergessen. Er sagte nur: „Mama, bitte holt mich hier heraus, ich will heim." Als wir ihm erklärten, dass er noch einen Tag dort bleiben müsse, brach er weinend zusammen. Ich weinte mit ihm, nahm ihn in meine Arme, sagte ihm, dass ich ihn liebte, und versprach ihm, dass wir ihn am nächsten Tag abholen würden. Wir konnten uns ihm zuliebe nicht anders entscheiden, aber mir brach es fast das Herz, ihn hier zurückzulassen.

Schon auf dem Nachhauseweg überlegten wir, wen wir um Hilfe bitten konnten. Der örtliche Pfarrer fiel uns ein, und wir entschieden uns, ihn sofort aufzusuchen. Wir wussten, er würde Anschriften von Suchtkliniken kennen. Er und seine Frau kannten Andreas, und sie boten auch sofort ihre Hilfe an, als wir ihnen erzählten, was vorgefallen war. Sie wollten sich noch am gleichen Tag nach verschiedenen Möglichkeiten erkundigen und versprachen uns, schnellstmöglich Bescheid zu geben, ob sie Hilfe für Andreas finden konnten. Wir waren erleichtert und fuhren nach dem Gespräch mit ihnen endlich nach Hause.

Dort machten wir uns dann selbst an die Arbeit und besorgten uns noch verschiedene Adressen christlicher Einrichtungen aus dem Internet. Diese riefen wir nacheinander an, in der Hoffnung, einen Platz für Andreas zu finden.

Für uns war klar, dass er von zu Hause wegmusste, weg von seinen Freunden und seiner Freundin.

Diese hatte durch Zufall von der ganzen Sache erfahren: Ihr Onkel lieferte immer Brötchen an die Klinik, und an dem Morgen, als Andreas eingeliefert wurde, lud er dort gerade die Brötchen aus. Er erkannte unseren Sohn, rief bei seiner Nichte zu Hause an und fragte: „Was ist denn mit dem Andreas passiert? Der ist heute Morgen in die Klinik eingeliefert worden." Jetzt bekam seine Freundin ein schlechtes Gewissen und wollte wieder zu ihm zurück, um ihm auch auf ihre Art zu helfen.

Die einzige Hoffnung jedoch, die wir für ihn noch sahen, war, ihn ganz und gar aus seinem gewohnten Umfeld herauszunehmen und ihm weit weg von seinen Freunden und seiner Freundin einen neuen Start zu verschaffen.

Da Andreas noch keine achtzehn war und die wenigen für ihn in Frage kommenden Einrichtungen alle voll belegt waren, gestaltete sich die ganze Sache schwieriger als gedacht. So konnten wir leider bis zum nächsten Morgen keine Einrichtung finden, die unseren Sohn aufnehmen wollte oder konnte. Ich war verzweifelt, unser Sohn brauchte dringend Hilfe. Gab es denn in unserem Land keine Möglichkeit, einem Jugendlichen in so einer Situation zu helfen?

Als wir uns am nächsten Tag aufmachten, um in die Klinik zu fahren, wussten wir noch immer nicht, wie es weitergehen sollte. Wir beschlossen, noch einmal mit dem Arzt zu reden, ob er noch irgendeine andere Möglichkeit sah, unserem Sohn zu helfen. Wir sprachen mit dem Arzt, einem Pfleger und einem Sozialarbeiter und schilderten noch einmal unsere Situation und was wir wollten. Leider ohne Erfolg; wir merkten, dass man uns nicht helfen wollte. Die Station war voll belegt, und man wollte Andreas einfach nur los sein.

So nahmen wir unseren Andreas mit nach Hause ins Ungewisse und baten Gott, uns doch Hilfe zu schenken und uns noch eine Tür für einen Entzug zu öffnen.

Nachdem wir mit Andreas zu Hause angekommen waren, zog er sich erst einmal seine verdreckten und stinkenden Sachen aus und duschte sich. Er hatte während der ganzen Zeit in seinen verschmutzten Sachen gesteckt und war jetzt froh, sich frische Kleidung anzuziehen.

„Das war so eklig, die Tage in den schmutzigen Sachen auszuhalten, und die Verrückten da um mich herum. Da möchte ich nie mehr wieder hin", sagte er zu uns. „Ich werde alles tun, damit ich wieder auf die Beine komme", versprach er uns.

Wir führten ein langes Gespräch miteinander, und er sah die Notwendigkeit für einen Entzug ein. Er sah auch ein, welch einen schlechten Einfluss seine sogenannten Freunde auf ihn hatten und wie wichtig gerade jetzt eine Distanz sein würde. Wir erklärten ihm aber auch, welch einen verheerenden Einfluss sein satanistisches Gedankengut und die dazugehörige Musik auf ihn hatten, und versuchten ihm die Zusammenhänge klarzumachen. Langsam schien er zu begreifen, in welch einer Gefahr er schwebte.

Er war damit einverstanden, dass wir uns nach einer Therapieeinrichtung weiter weg für ihn umsahen. Dort konnte er erst einmal zur Ruhe kommen und hoffentlich seine Sucht überwinden.

Während Andreas in der Klinik war, hatte mein Mann seine gesamten CDs konfisziert und mit Beton vermischt in die Mülltonne geworfen. „Ich will diesen Dreck nicht mehr in unserem Haus haben", sagte er anschließend. „Die liegen jetzt da, wo sie hingehören."

Der Pfarrer bot uns an, mit Andreas zu reden und ihm zu helfen. Auch er versuchte noch immer, für ihn einen Platz in einer Einrichtung zu bekommen. Wir machten einen Gesprächstermin mit ihm aus, und Hoffnung stieg wieder in uns auf. Leider nur für kurze Zeit.

Als der Pfarrer zu uns nach Hause kam, wollte er zuerst mit uns gemeinsam sprechen, und dann noch einmal alleine mit Andreas. Vor dem Gespräch mit dem Pfarrer war Andreas noch bereit, in eine Therapieeinrichtung zu gehen, auch wenn diese etwas weiter von zu Hause entfernt war. Nach dem Gespräch unter vier Augen aber weigerte er sich und wollte zu Hause bleiben. Plötzlich meinte er, dass er auch von zu Hause einen Entzug machen könnte.

Der Pfarrer hätte ihm da von anderen Möglichkeiten erzählt, die es noch gebe. „Außerdem könnt ihr mich nicht einfach gegen meinen Willen wegschicken", verkündete er uns plötzlich.

Wir waren wie vor den Kopf gestoßen. Was war denn das? Ich konnte einfach nicht glauben, was ich jetzt hörte. Uns wurde einfach das Heft aus der Hand genommen. Wir fühlten uns wie im falschen Film. Die Alternativen, die Andreas hatte, hatten wir ihm genau vor Augen geführt, aber was hatte der Pfarrer ihm gesagt, das ihn so schnell umstimmen konnte? Bis heute wissen wir es nicht. Fakt war, dass man ihm über unseren Kopf hinweg einen anderen Rat gegeben hatte.

Auch seine Freundin setzte alle Hebel in Bewegung, um ihn zu bestärken, doch zu Hause zu bleiben. Sie wollte ihn ebenfalls unterstützen und ihm helfen, von seiner Sucht loszukommen, aber zu Hause.

Ich kann gar nicht in Worte fassen, wie enttäuscht ich von dieser Art von Hilfe war.

Der Pfarrer vermittelte uns einen älteren Herrn, der, obwohl schon im Ruhestand, sich bereit erklärte, Andreas zu helfen. Wir wussten damals nicht, dass uns auch die Krankenkasse psychologische Betreuung bezahlt hätte.

Keiner klärte uns darüber auf. Wir wussten nur, dass wir privat keinen Psychologen bezahlen konnten.

Innerlich war ich total verärgert, dass man uns so übergangen hatte, und als der Pfarrer uns anbot, uns als Eltern seelsorgerlich zu begleiten, lehnten wir dieses Angebot dankend ab. Ich hatte genug von seiner Art von Hilfe. Wir waren erwachsene Menschen und wollten nicht von ihm bevormundet werden.

Da noch Ferien waren und wir noch einige Tage Urlaub mit unseren Kindern gebucht hatten, nahmen wir Andreas kurzerhand mit. Noch einmal wollten wir ihn nicht alleine zu Hause lassen.

Es war kein schöner Urlaub. Andreas hatte übelste Entzugserscheinungen, und es war kaum mit ihm auszuhalten. Wir versuchten ihn abzulenken und machten sehr viel gemeinsam mit ihm und seinen Geschwistern, nur Zigaretten und Alkohol kauften wir ihm nicht. Wir wussten, dass er es schaffen würde, wenn er diese ersten Tage überstanden hatte, und er hielt tapfer durch.

In den restlichen Ferienwochen zu Hause zeigte er uns, dass er es wirklich ernst meinte: Er nahm die Gesprächsangebote des älteren Herrn dankbar an, und als dieser nach nur wenigen Wochen die Gespräche an seine Tochter abgab, arbeitete diese mit unserem Sohn weiter, bis diese Treffen etwas später einschliefen. Andreas' Freundin wollte wohl nicht, dass er dort länger hinging, obwohl es ihm sichtlich guttat.

Eine Zeit lang traf er sich auch nicht mehr mit seinen alten Freunden, hörte sich andere Musik an, trank keinen Alkohol mehr und hörte auf zu rauchen. Er tapezierte sich sein Zimmer mit einer hellen und freundlichen Farbe und kaufte sich neue Hosen, Hemden und Pullover. Ja, Andreas lachte sogar wieder, und wir hatten endlich die Hoffnung, dass alles wieder gut werden würde. „Andreas, du musst aber auch dein geistliches Leben in Ordnung bringen und dich öffnen, damit Gott auch da an dir arbeiten kann", erklärte ich ihm. Er aber antwortete nur: „Keine Angst, Mama, ich schaff das schon alleine." Er überschätzte sich total, und seine Freundin unterstützte ihn dabei noch.

Nach den Sommerferien kam er dann mit seiner jüngeren Schwester in dieselbe Klasse. Leider fing er schon bald wieder an zu rauchen und zu trinken. Trotzdem setzte sich ein Wunsch in ihm fest: Diesen Horror, den er in der Psychiatrie und in der Nacht vorher erlebt hatte, wollte er nicht noch einmal durchmachen. Wir ermutigten ihn, wo wir nur konnten, und auch seine Geschwister und seine Freundin halfen ihm. In der Schule ließ er sich zwar nach einiger Zeit wieder hängen, konnte aber dann letztendlich seinen Realschulabschluss machen.

Seit einer Weile stand die Suche nach einem Ausbildungsplatz für ihn an. Immer wieder drängte ich ihn in den letzten Monaten vor Schulende, sich umzutun, aber er war einfach zu langsam und vielleicht auch zu bequem. Alles schob er mit den Worten: „Das kann ich später machen", von sich. Oder er sagte einfach nur: „Ja, ja." Manchmal wurde er aber auch ärgerlich und sagte zu mir: „Lass mich doch endlich damit in Ruhe, ich werde mich schon darum kümmern, aber nicht jetzt. Ich habe noch genügend Zeit, also nerv mich nicht."

Ich wusste, wie sehr ich ihm auf die Nerven ging, und drängte ihn trotzdem immer wieder. Mein Mann sagte nur: „Lass ihn machen, das muss er selbst hinkriegen."

Ja, dachte ich, *und wenn er keine Stelle bekommt, sitzt er uns hier auf der Pelle, und alles fängt womöglich wieder von vorne an.* Laut aber sagte ich zu meinem Mann: „Weißt du, ich habe einfach keine Lust, dass sich das Ganze noch einmal wiederholt. Ich möchte nicht noch einmal das alles durchmachen, was wir mit Andreas schon erlebt haben." Ich fürchtete, dass unser Sohn emotional einfach noch nicht stabil genug war, um eine Arbeitslosigkeit durchzustehen. Zu diesem Zeitpunkt merkten wir schon, dass sich sein seelischer Zustand wieder verschlechtert hatte.

Wenn ich aber für ihn betete, hatte ich immer das Empfinden, Gott sagte zu mir: „Hör auf zu sorgen, du kannst ihm sowieso nicht helfen. Übergib mir deinen Sohn, ich werde mich um ihn kümmern."

Immer und immer wieder hörte ich in meinem Herzen diese Worte. Ich erkannte, dass Gott und mein Mann recht hatten, wenn sie mir sagten, dass ich mit meinem Sorgen an der Situation nichts änderte. Gott allein war fähig, sich in der besten Art und Weise um Andreas zu kümmern. Ich machte alles nur noch schlimmer: Andreas wurde immer ärgerlicher, wenn ich das besagte Thema anschnitt, und ich wurde immer frustrierter.

So kam es, dass ich eines Morgens in der Stille vor Gott aufgab und zu ihm sagte: „Herr, vergib mir, dass ich dir ständig ins Handwerk pfusche und denke, dass du dich nicht um Andreas kümmerst. Ich weiß, du kannst es ja viel besser und siehst Möglichkeiten, die ich noch nicht einmal

ahne. Danke, dass du dir schon einen Plan ausgedacht hast, um meinem Kind Hilfe zu bringen. Ich übergebe ihn dir, mach du mit ihm, was dir gefällt."

Da fiel mir wieder die Bibelstelle aus Jeremia ein, wo er mir versprochen hatte, dass meine Kinder aus dem Land des Feindes nach Hause kommen würden. Ich wusste, er würde es zur richtigen Zeit auch tun, und ich musste geduldig sein und aufhören, mich zu sorgen.

Von diesem Moment an sprach ich Andreas nicht mehr auf das Thema Ausbildungsplatz an. Gott würde für ihn sorgen. Tiefer Frieden breitete sich in mir aus.

Als Andreas sein Abschlusszeugnis endlich in den Händen hielt, hatte er noch keinen Ausbildungsplatz. In mir waren aber immer noch eine tiefe Ruhe und die Gewissheit, dass er einen bekommen würde. Ich konnte mir zwar noch nicht vorstellen, wie Gott das anstellen würde, aber ich vertraute ihm. Damals las ich zufällig in der Bibel folgenden Satz: „Ich bin jung gewesen und alt geworden und habe noch nie den Gerechten gesehen verlassen oder seine Kinder um Brot betteln" (Psalm 37,25).

In diesem Moment war es, als ob Gott zu mir sagte: „Ich verlasse euch und eure Kinder nicht, auch euer Sohn Andreas wird nicht arbeitslos sein, er wird Arbeit und Brot haben." Ich wusste, dass Gott seine Zusage halten würde. Es war nicht nur ein Gefühl in mir, es war eine tiefe innere Gewissheit, die man nicht mit Worten beschreiben kann.

Nur wenige Tage später kam unser Andreas freudestrahlend nach Hause und erzählte: „Mama, mein Freund macht doch eine Lehre als Metallbauer, und die Firma, für die er arbeitet, stellt jedes Jahr zwei Lehrlinge ein. Bis jetzt haben sie aber nur einen eingestellt, und mein Freund meint, ich soll mich dort bewerben. Vielleicht stellen sie ja noch einen zweiten Lehrling ein."

Er nahm sein Zeugnis und wollte sich gleich bei der nächsten Gelegenheit persönlich vorstellen.

Der Chef wollte aber sein Zeugnis gar nicht erst sehen, sondern meinte nur: „Dein Zeugnis ist mir egal, du kannst aber ein paar Tage hier bei uns zur Probe arbeiten."

Am Ende dieser Tage hatte er einen Ausbildungsplatz. Zwar wurde sein erstes Ausbildungsjahr vom Arbeitsamt gesponsert, aber er war in Arbeit und Brot, wie Gott es mir versprochen hatte.

Langsam kehrte Normalität in sein und unser Leben ein. Es machte ihm Freude zu arbeiten und unsere Beziehungen in der Familie entspannten sich.

Einige Wochen vor dem Ende seines ersten Jahres in der Firma kam er eines Tages völlig frustriert nach Hause: „Ich werde wahrscheinlich die Ausbildung in meinem Betrieb nicht fertig machen können", teilte er uns mit. „Der Chef kann im nächsten Jahr keine zwei Azubis mehr bezahlen, da die Zahlungsmoral unserer Kunden so schlecht ist. Es kann sein, dass er Leute entlassen muss."

Das war ein Schlag vor den Bug. Hatte ich mich so getäuscht mit dem, was ich von Gott gehört hatte? Das konnte doch nicht sein! Irgendwie war ich in der Lage, Andreas Mut zuzusprechen, doch innerlich schrie ich nur: „Herr, das kannst du doch nicht machen, gerade jetzt, wo sich alles bei Andreas doch so zum Positiven entwickelt!"

Der Jeremia-Vers kam mir wieder in den Sinn, und ich

sagte zu meinem Sohn: „Weißt du, das ergibt in meinen Augen keinen Sinn. Gott schenkt dir doch keinen Ausbildungsplatz, um ihn dir nach einem Jahr wieder zu nehmen. Er gibt uns doch nicht etwas, um dann nach kurzer Zeit zu uns zu sagen: Ätsch, das war es. Das kann nicht sein, so ist Gott nicht. Du wirst sehen, dass sich alles zum Guten wendet. Du wirst bestimmt deinen Ausbildungsplatz behalten!" Dann fing ich an, wie ein Weltmeister zu beten. Ich wusste, ich hatte mich nicht verhört.

Kurze Zeit später kam Andreas nach Hause, schaute uns überglücklich an und erzählte: „Ihr glaubt nicht, was passiert ist. Der andere Lehrling kommt nicht mehr. Er hat gekündigt. Es hat ihm ja von Anfang an keinen Spaß gemacht, und jetzt hat er das Handtuch geworfen und ist einfach nicht mehr gekommen. Wahrscheinlich kann ich jetzt doch bleiben!"

Nach einigem Hin und Her wurde Andreas dann in der Firma behalten und machte weiter in seiner Ausbildung als Metallbauer.

Er ist stabiler geworden, wenn auch noch nicht alles so ist, wie wir es uns als Eltern wünschen würden. Es ist oft noch ein Auf und Ab, aber wir sehen auch, wie er immer wieder versucht, sein Leben in Ordnung zu bringen.

Er geht seinen Weg, und ich glaube, dass Gott das Werk, das er in ihm angefangen hat, auch zu einem guten Ende bringen wird. Die Dunkelheit, durch die wir mit ihm gehen mussten, ist schon ein ganzes Stück gewichen, und es wird heller, Tag für Tag.

5. In die Enge getrieben

Ja, Gott hatte uns in der Vergangenheit immer wieder geholfen, und es war gut, sich das gerade jetzt in der Situation mit Marc wieder vor Augen zu führen. Mein Mann ermutigte mich immer wieder, indem er sagte: „Du wirst sehen, wir werden die Sache schon gemeinsam mit Gottes Hilfe durchstehen. Auch wenn wir den Sinn dahinter noch nicht verstehen. Gott hat uns noch nie im Stich gelassen und er wird das auch in Zukunft nicht tun."

An manchen Tagen fiel es mir sehr schwer, das zu glauben, dann war es für mich nur ein Überleben von einem Tag zum anderen. Die alten Fragen tauchten immer wieder auf: *Warum nur passiert uns das alles? Was haben wir falsch gemacht?* Bis zur Erschöpfung dachte ich darüber nach und konnte keine Antwort finden. Ich wusste zwar, dass wir genauso wie andere Eltern Fehler in der Erziehung gemacht hatten, aber warum traf es uns so hart? Ich konnte einfach keine vernünftigen Antworten finden, und das zermürbte mich.

Aber es gab auch Tage, an denen ich mich aufraffte, Gott in unserer Situation zu danken. Dabei kam mir oft ein englisches Lied in den Sinn, dessen Text sinngemäß übersetzt sagt: „Erinnere dich an vergangene Segnungen, benenne jede einzelne und sieh, was Gott getan hat."

Wenn ich das tat, bekam die Hoffnung in meinem Leben wieder Nahrung, und ich wurde ruhiger.

Ich erinnerte mich auch wieder an den letzten Weihnachtsgottesdienst. Jeder Gottesdienstbesucher hatte zum Schluss einen Papierstern mit nach Hause bekommen, auf dem ein Spruch stand. Auf meinem Stern stand vorne ein Vers aus Jesaja 35,4: „Seid getrost und fürchtet euch nicht! Gott kommt und wird euch helfen." Auf der Rückseite las ich von M. Basilea Schlink: „Jesus kennt deine Not und wendet sie."

Welch eine Zusage! Gott hatte schon im Voraus gewusst, was auf uns zukommen würde, und dafür gesorgt, dass ich von Anfang an eine Zusage für diese harte Zeit in meinen Händen hielt. Oft holte ich jetzt diesen Stern hervor und las mir Gottes Zusage laut vor, immer und immer wieder, bis ich sie auswendig konnte. Dann bekam ich wieder neuen Mut und Hoffnung. Gott würde uns beistehen, er sagte uns und vor allem mir, dass ich mich nicht fürchten sollte, ja dass ich sogar ganz getrost sein sollte, weil er zu uns kommen und uns helfen wollte.

Meine Freundin Conny gab mir den Rat, mich bei einem Rechtsanwalt zu erkundigen, ob wir wirklich für den Schaden, den Marc angerichtet hatte, haftbar waren und ihn bezahlen mussten. Bei einer ihr bekannten Anwältin nahm ich dann einen Beratungstermin wahr. Sie hörte sich an, was passiert war, was wir bis dahin unternommen und bezahlt hatten, und schaute in den Gesetzestexten nach. Das Resultat war zugleich ermutigend wie niederschmetternd: „Gesetzlich gesehen sind Sie als Eltern nicht verpflichtet, den Schaden, den Ihr Sohn angerichtet hat, zu bezahlen. Theoretisch können Sie sich weigern zu zahlen mit dem Hinweis, dass, wer Forderungen an Ihren Sohn hat, warten soll, bis der Junge volljährig ist und dann den

Schaden selber bezahlen kann." Außerdem erklärte sie mir, worauf wir bei Rechnungen von Firmenwagen achten sollten. Davon hatten wir ja auch einige auf unserer Liste.

Theoretisch hörte sich das ja ganz gut an, aber wie sollte das letztendlich in der Praxis aussehen? Das war nicht umsetzbar, da wir schon so viele Rechnungen bezahlt hatten. Viele der Geschädigten kannten sich ja untereinander. Wir konnten nicht die Rechnung des einen bezahlen und die des anderen nicht, das würde nur noch mehr Ärger geben, und davon hatten wir wirklich schon genug. Außerdem würde Marc wahrscheinlich auch als Achtzehnjähriger nicht so viel Geld haben, um alles zu bezahlen.

Jetzt waren wir genauso schlau wie vorher. Wir entschlossen uns, so weiterzumachen wie bisher und allen Forderungen nachzukommen, das würde das Beste sein. Gesetz hin und Gesetz her – wir fanden, dass wir uns als Christen nicht einfach hinstellen und zu den Leuten sagen konnten: „Es tut uns zwar furchtbar leid, dass unser Sohn Ihr Auto mutwillig beschädigt hat, aber für den Schaden kommen wir nicht auf. Warten Sie, bis er achtzehn ist, vielleicht kann er Ihnen den Schaden ja dann bezahlen, oder sehen Sie zu, woher Sie Ihr Geld für die Autoreparatur bekommen." Das konnten wir einfach nicht mit unserem Gewissen vereinbaren.

Unser ältester Sohn sagte zu mir: „Mama, ich habe ein bisschen Geld gespart. Wenn ihr wollt, kann ich euch etwas leihen." Wir wollten das Angebot aber nicht annehmen, da er das Geld für einen bestimmten Zweck gespart hatte. Aber allein der gute Wille, der dahinterstand, war wohltuend.

Zwei Tage vor dem Beratungsgespräch bei der Rechtsanwältin hatte Marc seinen ersten Termin bei der Kinder- und Jugendpsychologin. Zuerst sprach ich mit der Psychologin über alles, was vorgefallen war, dann wurde Marc allein zu ihr hineingerufen. Er schien offen für ein Gespräch zu sein, und ich dachte, dass es ihm guttun würde, einmal mit jemandem, der mit der ganzen Sache nichts zu tun hatte, zu reden.

Am Ende wurde ein neuer Termin für ein Gespräch und einen Intelligenztest ausgemacht. Die Hoffnung auf eine Besserung seines psychischen Zustandes gab mir neuen Auftrieb, auch wenn dieser Termin erst vier Wochen später sein sollte. Ein Anfang war gemacht, und es würde langsam wieder bergauf gehen, das war meine Hoffnung.

Eine Woche später hatte ich meinen ersten Termin bei einem Psychologen. Immer mehr spürte ich, dass auch ich psychologische Betreuung brauchte, und dass es die richtige Entscheidung war, mich zu einem Gespräch anzumelden. Nicht nur die ganze Sache mit Marc, sondern auch die Schwierigkeiten, die wir in den Jahren vorher mit unseren anderen Kindern gehabt hatten, machten mir zu schaffen.

Es war, als ob ich in den letzten Jahren jedes Jahr ein wenig verletzbarer geworden wäre. Dinge, die meinen Mann völlig kaltließen, brachten mich zum Weinen. Ich war auch voller Schuldgefühle. Es war, als ob alles, was passierte, ein persönlicher Angriff auf mich war. Unsere Kinder gingen ihre eigenen Wege und trafen eigene Entscheidungen. Sie lehnten immer öfter ab, was wir als Eltern für gut und richtig hielten. Dadurch bekam ich das

Gefühl, dass sie auch mich ablehnten, was ja eigentlich gar nicht der Fall war. Hatte ich etwa alles falsch gemacht und war schuld an dem Verhalten der Kinder? Das war eine der vielen Fragen, die ich mir immer wieder stellte.

Irgendetwas stimmte mit mir nicht, dessen war ich mir sicher, aber ich konnte einfach nicht herausfinden, was es war. Ich schaffte es alleine nicht, ich brauchte Hilfe. Manchmal hatte ich das Gefühl, verrückt zu werden, dann dachte ich wieder, ich würde depressiv. Es war an der Zeit, etwas zu unternehmen. Ich wollte Veränderung in meinen Gefühlen und spürte, dass die Zeit jetzt reif dafür war.

In unserem weiteren Bekanntenkreis gab es zwar auch Seelsorger und psychologische Berater, aber ich wollte mich niemandem öffnen, den ich kannte. *Wer weiß, was da herauskommt, und was die dann von dir denken*, war meine Angst. Also entschied ich mich dafür, zu einem Psychologen in der nächsten Stadt zu gehen, den ich nicht kannte und der auch mich nicht kannte, um in meinem Leben nach der Ursache meiner Verletzbarkeit zu suchen. Eine Freundin hatte ihn mir empfohlen, und ich hatte auch hier recht kurzfristig einen Termin bekommen.

Ein sehr netter Mann saß mir gegenüber und hörte sich lange und geduldig an, was mir auf der Seele brannte und was wir in den letzten Wochen erlebt hatten. Ab und an fragte er nach, und nachdem ungefähr eine Dreiviertelstunde vergangen war, begann er immer wieder auf seine Uhr zu schauen. Das irritierte mich. Wollte er mir damit zeigen, dass ich nun langsam zum Ende kommen sollte? Das war zwar schwierig, aber ich versuchte, so langsam den Sack meiner Schilderungen zuzubinden, und schaute ihn erwartungsvoll an. Da ich vorher noch nie für mich selbst mit einer Person dieser Berufsgattung zu tun gehabt hatte, wusste ich nicht, was nun kommen würde. Ich erwartete einige Ratschläge und den nächsten Termin, bei dem wir dann in die Details gehen würden. Weit gefehlt.

„Ja", sagte er und schaute mich dabei fragend an, „was wollen Sie denn jetzt von mir? Wollen Sie eine Erziehungsberatung oder eine psychologische Beratung für sich persönlich?"

Die Frage stand wie eine Wand vor mir im Raum. Mein verwirrter Blick musste ihm signalisiert haben, dass ich ihn nicht verstanden hatte. „Na ja, wenn Sie eine Erziehungsberatung brauchen, dann müssen Sie zu einer Erziehungsberatungsstelle gehen", entgegnete er. Sofort fragte ich mich, ob ich auch nur mit einem Wort etwas von Erziehungsberatung angedeutet hatte. Ich war mir ganz sicher, ich hatte gesagt, dass ich psychologische Beratung brauchte, und das war mir ja auch von meiner Hausärztin verschrieben worden.

Noch bevor ich etwas antworten konnte, sprach er weiter, und der nächste Hammer kam: „Wenn Sie aber psychologische Beratung wollen, dann muss ich Ihnen sagen, dass ich ein Jahr Wartezeit habe. Sie können sich aber im Sommer schon einmal melden und einen Termin für nächstes Jahr ausmachen."

Auf meinen Lippen lag ein schrilles *Was???*, das ich aber zum Glück noch herunterschlucken konnte. Was war denn das? Warum hatte man mir das nicht gleich bei der Anmeldung gesagt, dann wäre ich woanders hingegangen.

Endlich hatte ich den Mut gefunden, zu einer Beratung

zu gehen, und jetzt sagte mir dieser Mensch, nachdem ich ihm mein Innerstes vorgelegt hatte, ich sollte in einem Jahr wiederkommen! Ich brauchte jetzt Hilfe. Wer wusste schon, was in einem Jahr sein würde? Ich konnte das gar nicht so richtig glauben, was er sagte, und dachte, ich hätte mich verhört. „In einem Jahr?", fragte ich ihn entgeistert, „gibt es denn keine Möglichkeit, dass ich früher kommen kann?"

„Tut mir leid, aber mein Terminplan ist leider voll", war seine Antwort.

„Ja, danke, ich werde mich dann bei Ihnen melden", hörte ich mich sagen. Ich stand auf, gab ihm die Hand, verabschiedete mich und ging.

Als ich wieder im Auto saß, kamen mir die Tränen. Total verzweifelt fuhr ich nach Hause und schrie zu Gott: „Herr, was soll ich jetzt nur tun? Ich brauche Hilfe, schnelle Hilfe, ich halte das sonst nicht mehr lange durch."

Es war genau wie in dem immer wiederkehrenden Alptraum meiner Kindheit: Irgendjemand verfolgt mich. Ich kann nicht erkennen, wer es ist, aber die Person sieht aus wie ein Mann. Er kommt immer näher und ich versuche, vor diesem Mann wegzulaufen, aber ich komme einfach nicht vom Fleck. Ich laufe und laufe, habe Angst und schreie, aber es ist zwecklos, er kommt immer näher. Warum hilft mir denn niemand? Dann plötzlich ist er da und greift nach mir. Schweißgebadet, voller Angst und Panik bin ich dann immer wach geworden.

Auch hier war es, als ob ich nicht vom Fleck kommen würde, als ob etwas Dunkles immer wieder versuchte, nach mir zu greifen und mich nach unten zu ziehen. Ich lief und lief und suchte Hilfe, aber es war, als ob niemand da wäre, um mir zu helfen. Noch nie zuvor hatte ich ein solches Verlangen nach Hilfe gehabt, und noch nie vorher war mir so bewusst gewesen, dass ich Hilfe brauchte. Es war, als ob Gott zu mir sagte: „Jetzt ist die Zeit, die Dinge aus deiner Vergangenheit hervorzuholen und sie zu bearbeiten", und ich wusste: Wenn Gott zu diesem Zeitpunkt seinen Finger auf eine alte Wunde aus meiner Vergangenheit legte, dann würde er auch die Möglichkeit zur Hilfe geben.

Auch eine liebe Freundin sagte mir während eines Telefonats: „Wenn ich dich so höre, dann habe ich das Gefühl, dass in deinem Leben eine sehr tiefe Verletzung aus deiner Vergangenheit rumort, die noch nicht aufgearbeitet ist."

Ich überlegte, wohin ich mich wenden könnte, um Hilfe zu bekommen. Dabei dachte ich wieder an die psychologischen Berater und Seelsorger unserer Gemeinde. Die Kosten bei ihnen wurden aber nicht von der Krankenkasse übernommen, sodass sie momentan nicht für mich in Frage kamen. In unserer jetzigen Situation konnte ich unserem zerfledderten Geldbeutel diese Ausgaben nicht auch noch zumuten. Es blieb mir erst einmal nichts anderes übrig, als abzuwarten und Gott zu bitten, mir Hilfe zu schicken. Instinktiv wusste ich: Wenn die Zeit reif war, würde sich auch das eine zum anderen fügen, und dabei dachte ich an die Worte, die ich einmal gelesen hatte: „Nicht so ungeduldig, mein Herz, habe Glauben und Vertrauen in Gott und warte. Auch wenn es scheint, als würde er lange verweilen, so kommt er doch niemals zu spät."

Ja, Gottes Zeit war eine andere, sie schien hier langsamer zu sein als meine Zeit. Ich legte im Gebet die ganze Sache in seine Hände und wartete ab, was passieren würde. Er würde mir schon zur rechten Zeit den nächsten Schritt zeigen, den ich gehen sollte.

Alle zwei bis drei Wochen meldeten wir uns bei der Polizei, um zu erfahren, ob neue Anzeigen gegen unseren Sohn eingegangen waren. Der Polizeibeamte hatte zu uns gesagt: „Wenn keine Anzeigen mehr eingehen, werden alle Akten an die Staatsanwaltschaft weitergeleitet, und der Staatsanwalt übernimmt dann den Fall." Leider kamen aber immer noch neue Rechnungen hinzu, auch die Anwaltskosten eines Geschädigten. Es schien einfach kein Ende zu nehmen.

Oft sagte ich zu meinem Mann: „Was ist, wenn wir kein Geld mehr haben?"

Dann erinnerte er mich an Gottes Zusage, die auf meinem Weihnachtsstern stand: „,Sei getrost und fürchte dich nicht, Gott kommt und wird uns helfen.' Lass uns einfach vertrauen. Noch ist es nicht so weit, dass wir kein Geld mehr haben, und wenn dieser Fall wirklich eintreffen sollte, wird er auch eine Lösung haben."

Mittlerweile war es fast Mitte Februar. Unsere Ersparnisse schmolzen dahin wie der Schnee im Frühling. Noch immer ging ich kaum vor die Tür, nur wenn es unbedingt sein musste. Zu Hause fühlte ich mich zwar wie in einem Gefängnis, aber doch irgendwie sicher. Wenn ich mit niemandem sprechen wollte, öffnete ich einfach nicht die Haustür und ging nicht ans Telefon. Hier zu Hause war ich auch nicht irgendwelchen fragenden Blicken ausgesetzt, wenn ich mit verweinten Augen durch die Räume lief. Es war mir aber klar, dass dies kein Dauerzustand sein konnte. Ich musste raus aus meinen vier Wänden, um auf andere Gedanken zu kommen.

So lud ich für einen Morgen einige Freundinnen zum Frühstück ein. Die Kinder waren in der Schule, und ich freute mich darauf, mit den Frauen zusammen zu sein. Ich deckte den Tisch, und jede meiner Freundinnen brachte etwas zum Frühstück mit. Es war so eine schöne und lustige Zeit, die wir miteinander verbrachten. Lange hatten wir nicht mehr in aller Ruhe zusammengesessen, und schon nach wenigen Minuten erzählten und lachten wir ganz ausgelassen. Ich konnte mich gar nicht mehr erinnern, wann ich das letzte Mal so von Herzen gelacht hatte. Es tat einfach gut, an etwas anderes zu denken und aus vollem Herzen zu lachen. „Das müssen wir bald einmal wiederholen", sagte beim Abschied eine der Frauen.

Das taten wir dann auch kurze Zeit später, und dieses Mal war ich bei einer Freundin eingeladen. Auch dort wurde herzhaft gelacht. Es war wie Medizin für meine schmerzende Seele.

Ich zwang mich dazu, weiterhin einmal wöchentlich in meinen Hauskreis zu gehen, und empfand es als sehr wohltuend, auch dort ein wenig abgelenkt zu werden. Da verlor ich für kurze Zeit meine eigenen Sorgen aus den Augen. Wir beteten gemeinsam und füreinander, und auch das lenkte meinen Blick auf andere Dinge: Ich begann wieder die Nöte der anderen im Hauskreis zu sehen. Diese Gemeinschaft tat mir einfach gut.

Dennoch merkte ich, dass ich selbst auf der Suche nach

Ablenkung aktiver werden musste. An einem Samstag im Februar kam mir dabei ein Zeitungsartikel zu Hilfe.

Wie immer, so las ich auch an diesem Samstag während des Frühstücks meine Zeitung. Die Kinder waren fertig und hatten die Küche schon verlassen. Mein Mann war im Dienst, und ich hatte viel Zeit an diesem Morgen. Ich schenkte mir noch eine Tasse Tee ein und kam zum Sportteil.

Den Fußballteil überblätterte ich wie sonst auch, da mich die Bundesliga nicht sonderlich interessierte. Früher, als unsere beiden ältesten Söhne noch beide Fußball gespielt hatten und der eine Fan von Bayern München, der andere von Borussia Dortmund war, war auch ich meist gut informiert gewesen, wer gegen wen spielte, und vor allem, wer auf welchem Platz in der Tabelle stand. Doch Andreas spielte keinen Fußball mehr und Matthias winkte oft nur kopfschüttelnd ab, wenn es um die Spiele seiner einst so geliebten Dortmunder ging. Während ich noch blätterte, zog plötzlich ein Bild meine Aufmerksamkeit auf sich:

Frauen mit Kopftuch spielten Fußball! In dem Artikel stand, dass man in der nahe gelegenen Stadt mit einer integrativen Sportgruppe beginnen wollte. Man hatte für muslimische Frauen einen Raum gefunden, in dem sie mit einer Übungsleiterin Sport treiben konnten. Auch hoffte man, dass sich deutsche Frauen dieser Sportgruppe anschließen würden. Die Zeiten waren montags und donnerstags von etwa zehn bis elf Uhr.

Mein Interesse war geweckt. Schon früher hatten mein Mann und ich Kontakte zu muslimischen Mitbürgern gehabt. Wir hatten damals oft ein Asylbewerberwohnheim in der Nähe besucht, um Kontakte zu diesen Menschen zu bekommen und ihnen zu helfen. So hatte ich also keine Berührungsängste. Oft schon hatte ich mir in der Vergangenheit gewünscht, wieder mehr Kontakte zu ausländischen Mitbürgern zu haben.

Als eine enge Freundin von mir an der Volkshochschule türkischen Frauen Deutschunterricht erteilte und viel von ihnen erzählte, wünschte ich mir insgeheim, diese Frauen auch einmal kennenzulernen. Leider starb diese Freundin, bevor dieser Wunsch in Erfüllung ging. Ja, das wäre eigentlich eine gute Gelegenheit, ein bisschen aus dem Haus zu kommen und anderen Menschen zu begegnen. Da ich mich nach wie vor sehr schlapp und müde fühlte, würde mir Sport bestimmt guttun. Vielleicht würde es mir dann körperlich bald wieder besser gehen.

Auch die Uhrzeit wäre perfekt. Ich könnte vorher meinen Haushalt machen, zum Sport fahren und wäre so früh wieder zu Hause, dass ich ohne Hetze noch Mittagessen kochen könnte. Wenn mein Mann und die Kinder dann nach Hause kamen, wäre alles fertig. So eine Sportmöglichkeit mit diesen vielen Pluspunkten wäre eine Überlegung wert.

Ich legte die Zeitung erst einmal zur Seite und begab mich an meine Hausarbeit. Doch meine Gedanken drehten sich an diesem Morgen nur noch um den Zeitungsartikel, und als mein Mann dann am Nachmittag nach Hause kam, erzählte ich ihm sofort davon. „Geh doch einfach mal hin und schau es dir an. Es würde dir bestimmt guttun und du kämst endlich mal wieder auf andere Gedanken", meinte er.

Am folgenden Montag sollte die Gruppe beginnen. Ich überlegte hin und her. Es wäre einfach perfekt. Außerdem wären es Frauen, die mich nicht kannten, und ich bräuchte auch keine Angst zu haben, dass irgendeine Frau mich auf die Sache mit unserem Sohn ansprechen würde. Je mehr ich mich mit diesem Gedanken beschäftigte, desto sicherer war ich mir, dass ich daran teilnehmen würde. Ja, es würde mir bestimmt guttun.

Am darauf folgenden Montag war ich zur angegebenen Zeit am Treffpunkt vor der Halle. Auf der Fahrt waren mir doch erste Zweifel gekommen, ob das wirklich richtig war, was ich tat. Ich kannte doch niemanden, und normalerweise ging ich auch nicht gerne auf Menschen zu, die ich nicht kannte, und sprach sie an. *Aber*, dachte ich und sprach mir selbst Mut zu, *ich muss ja niemanden ansprechen, ich kann mich ja einfach dazustellen und abwarten. Außerdem wird es den anderen Frauen wahrscheinlich genauso gehen wie mir. Die wenigsten Frauen werden sich untereinander schon kennen.*

Vor der Halle warteten ungefähr dreißig oder vierzig ausländische Frauen, eine Frau vom Deutschen Sportbund, ein Mann vom Ausländerbeirat, zwei Personen von einem Radiosender, ein Vertreter des Sportvereins und die Übungsleiterin. In der Halle bekamen wir zunächst einmal erklärt, wie alles ablaufen sollte. Die Journalisten befragten kurz einige der Frauen, danach verließen sie mit dem Herrn von der Ausländerbehörde und dem Vereinsvorsitzenden den Raum, und unsere erste Übungsstunde begann.

Es war herrlich! Wir waren ein bunt zusammengewürfelter Haufen: Frauen verschiedener Altersgruppen und Herkunftsländer, manche in Sportkleidung und offensichtlich westlich orientiert, andere mit etwas bequemerer Alltagskleidung und Kopftuch. Es waren Frauen aus der Türkei, Indien, Pakistan, Afghanistan, Äthiopien, China, dem Sudan und ich aus Deutschland. Ja, ich war außer der Übungsleiterin die einzige Deutsche.

Wir begannen mit einigen Spielen zum Kennenlernen. Danach folgte etwas Gymnastik und zum Schluss Entspannung. In den folgenden Stunden waren dann auch Aerobic, Übungen für Bauch, Beine, Rücken und Po dabei. Die Übungsleiterin zog mit viel Fingerspitzengefühl ein abwechslungsreiches Programm mit uns durch. Von Anfang an machte mir diese Sportstunde unheimlich viel Spaß, und schon nach kurzer Zeit entwickelten sich erste Kontakte zu den anderen Frauen.

Erstaunt war ich, als sich mit einer Türkin ein Gespräch ergab und sie mir erzählte, dass sie vor noch nicht allzu langer Zeit in der Volkshochschule einen Deutschkurs besucht hatte. Leider sei die Lehrerin vor einem Jahr verstorben. Sie erzählte von dem guten Kontakt, den sie zu dieser deutschen Lehrerin gehabt hatte. Es war meine Freundin! Als ich der Türkin erzählte, dass diese Lehrerin meine Freundin gewesen war, rief sie einige der anderen türkischen Frauen und erzählte ihnen, dass ich die Freundin ihrer ehemaligen Deutschlehrerin war. Das öffnete mir die Herzen der Türkinnen, und von diesem Zeitpunkt an war das Eis geschmolzen.

Es fühlte sich so gut an, wieder aus meinen vier Wänden herauszukommen und neue Menschen kennenzulernen. Ich hatte das Gefühl, wieder zu leben. Es waren die ersten Schritte heraus aus meinen Verletzungen und aus meiner Isolation, und es war die Woche nach meinem Besuch beim Psychologen. Für mich war es wie ein kleiner Neubeginn, und ich spürte, dass es bergauf gehen würde.

Eine Woche später hatte Marc wieder einen Termin bei seiner Psychologin. Diesmal sollte zuerst ein Intelligenztest gemacht werden und danach ein Gespräch mit der Psychologin stattfinden.

Schon am Morgen hatte Marc eine fürchterlich schlechte Laune und machte uns klar, dass er nicht zu diesem Termin gehen wollte. Er sollte gleich nach der Schule zur Praxis kommen, und ich würde dort auf ihn warten. Ich hatte Marc versprochen, mit ihm zur Psychologin zu kommen, da ich mit ihr besprechen wollte, wie es danach weitergehen sollte.

Er erschien zwar in letzter Minute in der Praxis, verweigerte sich aber dort total. Ja, er führte sich dort so furchtbar auf, dass ich am liebsten in Grund und Boden versunken wäre.

Ich ärgerte mich auch über sein Verhalten. Was war nur los mit ihm? Wir wollten ihm doch nur helfen! Aber er führte sich auf, als ob wir ihn schlachten wollten. Marc ließ sich einfach nicht dazu bewegen, auch nur im entferntesten Sinne mitzumachen. Er hing förmlich in seinem Stuhl und antwortete derart frech auf alle Fragen, dass die Psychologin ihrerseits weitere Gespräche ablehnte. Er solle wiederkommen, wenn er zur Mitarbeit bereit sei. Nach kurzer Zeit gingen wir so, wie wir gekommen waren.

Da standen wir also wieder, und ich hatte die Nase voll.

Gerade jetzt, wo ich so voller Hoffnung auf Besserung war und dachte, dass es endlich bergauf gehen würde, machte Marc mir einen gehörigen Strich durch die Rechnung. Wütend fuhr ich mit ihm nach Hause und sparte nicht mit Vorwürfen: „Wir verbiegen uns, um den Schaden, den du angerichtet hast, zu bezahlen, und du, was tust du?"

Am liebsten hätte ich ihn irgendwo an die Wand geklatscht, aber solche Gedanken durfte ich wohl als Christin nicht haben. Ich hatte sie aber! Ja, ich hatte sie, und am liebsten wäre ich dazu noch einfach weggelaufen. Weit weg, irgendwohin, wo mich keiner kannte, keiner fragte und keiner etwas von mir wollte. Marc hätte ich dann an der Wand hängen lassen – sollte er doch sehen, wie er alleine wieder runterkam. Nur mit viel Mühe konnte ich auf der Fahrt nach Hause die Tränen meiner Enttäuschung und meines Zornes zurückhalten.

All die guten Ratschläge in den Büchern, die ich über Kindererziehung gelesen hatte, kamen mir jetzt wie Hohn vor. Wir hatten uns doch bemüht und waren den Ratschlägen gefolgt, wie konnte das dann passieren? Hatten die Autoren dieser Bücher jemals solche Hämmer durchstehen müssen? Wir hatten zu unserem Sohn gehalten und ihn ermutigt, alles wieder in Ordnung zu bringen. Was sollten wir denn noch alles tun? Ich wusste mir einfach keinen Rat mehr und fragte mich immer wieder, wie wir nur aus dieser ganzen Situation herauskommen sollten. Und wie sollte uns das alles, so wie es in der Bibel stand, auch noch zum Besten dienen?! Ich sah einfach nichts Positives daran. Nach wie vor steckte ich darin fest, musste durchhalten und hatte kaum noch die Kraft dazu. Auf der anderen Seite wusste ich: Wenn ich jetzt davonlaufen würde, würde mich diese Sache irgendwann und irgendwo wieder einholen. Dann würde das Gleiche oder etwas Ähnliches wieder von vorne beginnen.

Ich merkte, wie ich auch bitter wurde. Bitter gegen Marc, gegen unsere anderen Kinder, gegen den Psychologen, gegen die Autoren von Erziehungsbüchern, gegen meinen immer ruhigen Mann und am Ende auch gegen mich selbst.

Zu Hause setzte ich Marc wortlos ab und fuhr noch einmal weg. Ich musste jetzt einfach alleine sein und meine Gedanken sortieren, und so fuhr ich einfach los, ohne Ziel, nur weg. Während ich so durch die Gegend fuhr, brach alles aus mir heraus, und ich schrie Gott in meiner Verzweiflung an: „Warum? Was sollen wir denn noch tun? Das ist alles so unfair, Herr! Wir stehen hier und sollen für etwas bezahlen, was wir gar nicht getan haben, und es scheint so, als ob es Marc überhaupt nicht interessiert! Wir bezahlen für seine Schuld, und es lässt ihn anscheinend vollkommen kalt. Das ist doch nicht richtig! Ich will nicht mehr für die Schuld meiner Kinder bezahlen. Das ist einfach nicht fair!"

Im Zorn schleuderte ich Gott diese Worte entgegen und rechnete nicht mit einer Antwort. Ich wollte mir das alles einfach von der Seele schreien, wollte alleine sein und einfach nur weinen. Kein Mensch sollte sehen oder hören, wie verzweifelt ich war. Es war für mich, als ob die ganze Not, in der wir steckten, einfach kein Ende fand.

Gott aber antwortete auf mein Schreien, und zwar sofort. Es war, als ob ich seine Stimme laut und deutlich neben mir hörte: „Ja, ich kenne das. Ich musste auch für eine Schuld bezahlen, die ich nicht angerichtet hatte. Es war deine Schuld, die ich am Kreuz getragen habe. Das war auch unfair. Ich habe sie aber aus Liebe zu dir getragen!"

Mir kamen die Tränen und ich wusste, wie recht er hatte. Ja, Jesus hatte für alle meine Schuld einen furchtbar hohen Preis bezahlt, als er am Kreuz für mich starb. Er hatte keine Schuld, aber nahm freiwillig meine auf sich, weil er mich liebte, und bezahlte mit seinem Leben dafür. Das war auch nicht fair. Und ich wollte noch nicht einmal die vergleichsweise kleine Schuld meines Sohnes bezahlen und mittragen.

Mir kamen die Worte einer Freundin in den Sinn, die sie mir bei Problemen mit einem unserer älteren Söhne gesagt hatte: „Das ist die Zeit für dich, in der du lernen musst zu vergeben, auch wenn keiner kommt und um Vergebung bittet." Das war wohl jetzt wieder so eine Zeit.

Zwei Tage später hatte ich einen Termin bei einem Internisten. In den letzten Wochen hatte ich immer wieder Beschwerden in der linken Brusthälfte gehabt. Ich war ständig müde und kraftlos. Auch der Sport hatte mir bis dahin noch keine deutliche Besserung gebracht. Meine Freundin hatte mir kurzfristig einen Termin bei einem ihr bekannten Internisten besorgt.

Der Arzt untersuchte mich gründlich, und zum Glück konnte er nichts finden, was auf eine Herzerkrankung hindeutete. Er war aber über meinen Zustand beunruhigt und gab mir zum Abschluss noch einen Termin für einen Blutzuckerbelastungstest.

Eine Woche später saß ich wieder in seiner Praxis. Um die Wartezeit zu überbrücken, hatte ich ein Buch dabei. Ich hatte wahllos und ohne Hintergedanken nach einem kleineren Buch in meinem Bücherregal gegriffen. Als ich jetzt darin las, fragte ich mich bei manchen Sätzen, ob Gott es mir wohl in die Hände gelegt hatte?

Es ging darum, dass Gott uns wie die Reben am Weinstock auch beschneidet, und dass Gott mit dem Schmerz des Beschneidens manchmal unsere Aufmerksamkeit gewinnen will. Ohne Beschneidung kein Wachstum, ohne Wachstum keine Frucht.

Ich hatte schon das Gefühl, dass Gott momentan gehörig an mir herumschnitt. Es wurden Lebensbereiche genannt, in denen Gott oft besonders stark stutzt, weil er uns durch dieses Beschneiden freimachen will für sein Reich und unsere Berufung darin. Ein Bereich waren Menschen, die uns nahestehen. Das könnten meine Kinder sein, dachte ich. Ein anderer Bereich, den das Buch nannte, wo Gott häufig besonders an uns arbeitete, war die finanzielle Sicherheit. Auch die wurde mir im Moment genommen. Wir waren so wie nie zuvor darauf angewiesen, Gott in unserer jetzigen finanziellen Lage zu vertrauen, und erlebten ihn oft in außergewöhnlicher Weise. Er hatte uns in den vergangenen Wochen nicht im Stich gelassen.

Wie durch einen dichten Nebel schien sich mir eine neue Welt aufzutun. Dann wurde ich jäh in meinen Gedanken unterbrochen. „Frau Kern, bitte ins Labor", rief die Stimme aus dem Lautsprecher, und ich musste zum Blutabnehmen. Zwischen den wiederholten Blutuntersuchungen las ich gefesselt weiter.

Ich las von den alten Weinstöcken und dem Gärtner, der gerade bei den alten Pflanzen besonders tief schneiden musste, und langsam verstand ich, dass Gott dabei war, Dinge in meinem Leben zu verändern. Er hatte die ganze Situation im Leben meiner Familie zugelassen. Er hatte sie nicht herbeigeführt, benutzte sie aber, um bei mir anzuklopfen. Vielleicht aber auch, um mich in die Ecke zu drängen, damit er an Stellen in meinem Leben kommen konnte, die ich ihm noch nicht bereit war zu überlassen, oder die nur durch massiven Druck an die Oberfläche meines Lebens kommen würden.

Er wollte mich durch diese Situationen verändern, damit später in meinem Leben Neues, Gutes wachsen konnte.

Die Theorie hatte ich verstanden ... dachte ich zumindest. Es sieht ja immer ganz einfach aus, wenn man etwas liest und versteht, theoretisch zumindest. Man denkt dann meist: *Ja, ja, das habe ich verstanden.* Wenn es uns aber dann in unserem eigenen Leben trifft, dann verstehen wir Gott nicht mehr und fragen: „Warum?"

Der Arzt rief mich mitten in meinem Nachdenken zu sich ins Sprechzimmer. Er kannte jetzt den Grund meiner Beschwerden: „Sie haben einen Diabetes Typ 2, Sie sind also zuckerkrank", sagte er ohne Umschweife zu mir. „Das ist auch mit hoher Wahrscheinlichkeit der Grund für Ihre Müdigkeit. Ich verschreibe Ihnen zunächst einmal Tabletten, dann werden Sie sich bestimmt schon bald besser fühlen. Als Nächstes machen Sie bitte so schnell wie möglich einen Termin bei einem Kollegen zur Diabetikerschulung aus."

Während vier meiner fünf Schwangerschaften hatte ich einen latenten Diabetes gehabt, der nach den Geburten wieder verschwand. Dadurch hatten auch alle unsere Kinder ein recht hohes Geburtsgewicht. Nur nach der Geburt unseres jüngsten Sohnes blieb der Diabetes noch fast zwei Jahre. Ich versuchte mich in dieser Zeit streng an meine Diät zu halten und trieb regelmäßig Sport, doch dem Stress konnte ich nicht entfliehen. Erst nach meiner Kur, als ich zur Ruhe kam, war der Diabetes wieder weg. Damals hoffte ich, auf Nimmerwiedersehen. Ich erinnere mich noch daran, wie der behandelnde Arzt mir damals sagte, dass er keine Spur von einem Diabetes mehr finden konnte. Überglücklich habe ich noch aus der Kur meinen Mann angerufen und es ihm erzählt. Nun war er also wieder da, wie ein altes Geschoss aus den Kriegstagen, und war noch scharf.

„Du schneidest tief, Herr, sehr tief. Bin ich wirklich schon so alt und morsch, dass du so tief schneiden musst?" Meine Gedanken waren sofort wieder bei dem Buch, in dem ich gerade gelesen hatte. Schnitt Gott mich jetzt zurecht? Was wollte er nur aus meinem Leben noch herausholen? Unwillkürlich musste ich an meine Verletzbarkeit denken, die durch die ganze Geschichte mit Marc in meinem Leben wieder so hochgekommen war.

Da erinnerte ich mich plötzlich daran, dass ich Gott vor einiger Zeit einmal die Erlaubnis zum Schneiden gegeben hatte. Ja, ich erinnerte mich wieder ganz genau an eine Situation, die schon einige Jahre zurücklag: In meinem Glaubensleben schien es damals nicht weiterzugehen, und ich bat Gott, mich zu verändern. Aber auch nach dieser

Bitte geschah nicht viel, ich trat irgendwie im Glauben auf der Stelle.

Da bekam ich ein Büchlein in die Hände, in dem es um Veränderung ging. Die Autorin erzählte darin von ihrem Wunsch nach Veränderung und dass sie Gott bat, sie doch zu verändern, koste es, was es wolle. Das hatte Gott dann in ihrem Leben auch getan; danach war nichts mehr so wie vorher.

Wenn ich ehrlich war, musste ich mir eingestehen, dass ich zwar eine Veränderung haben wollte, aber so, wie ich sie mir vorstellte und schon gar nicht um jeden Preis.

Doch Gott hatte mich damals nicht losgelassen und mir ein so großes Verlangen nach Veränderung geschenkt, dass es schon beinahe wehtat. Es kam der Tag, an dem ich mich nach nichts mehr sehnte als nach Veränderung. Ich hatte nur noch den Wunsch, dass Gott mich doch so verändern sollte, dass er mich besser für sich und seine Arbeit gebrauchen konnte. Das war der Tag, an dem ich ihn bat: „Herr, verändere mich, koste es, was es wolle, ich bin jetzt bereit dazu." Mit diesen Worten hatte ich ihm den Blankoscheck für Veränderungen in meinem Leben gegeben. Das alles hatte ich aber in der Zwischenzeit vergessen. Wenn ich nun darüber nachdachte, dann fielen mir viele kleine Dinge ein, die Gott schon in meinem Leben verändert hatte, und ich spürte, dass es weitere Veränderungen geben würde.

Ich verabschiedete mich von dem Arzt, und auf dem Weg zum Parkhaus liefen mir die Tränen über die Wangen. Es tat so weh, und doch war ich innerlich seltsam ruhig. Er war in meinem Leben an der Arbeit, und nichts würde so bleiben, wie es war. Während die Tränen über meine Wangen liefen, hörte ich eine leise Stimme: „Ja, Herr, ich bin bereit. Fang an und schneide." Es war meine eigene Stimme!

6. Loslassen

Es war erstaunlich: Obwohl ich schon viele Jahre Christin war, hielten sich noch viele negative Sachen in meinem Leben versteckt – Bitterkeit, Zorn, Stolz, Verletzungen, Schuld und mein eigenes negatives Verhalten. Erst jetzt fiel mir auf, dass sich so manche Dinge regelrecht in meinem Inneren festgebissen hatten. Ich hatte zwar in all den Jahren immer alles, was an Negativem in meinem Leben hochkam, mit Gottes Hilfe bearbeitet, merkte aber, dass tief in mir versteckt noch Sachen schlummerten, an die ich nicht herankam.

Gott hatte aber schon lange angefangen, an mir zu arbeiten, und unser Supergau war nichts anderes als die Spitze eines Eisbergs, den er jetzt zu sprengen begann. Das sehe ich heute. Schritt für Schritt hatte er mich dahin geführt, dass ich gar nichts mehr von mir aus machen konnte und wollte. Endlich sah ich ein, dass ich zwar als Mutter alles Menschenmögliche für meine Kinder tun konnte, aber Gott das Gelingen dazu geben musste. Ohne sein Handeln würden alle meine Bemühungen im Sande verlaufen, da konnte ich mich noch so sehr abzappeln und es noch so gut meinen. Was aber uns Menschen unmöglich ist, das ist für Gott eine Kleinigkeit. Die Bibel sagt dazu: „Sollte dem Herrn etwas unmöglich sein?"

Bisher hatte ich offensichtlich von Gott zu wenig und von anderen Menschen und mir zu viel erwartet. Die bestimmt wohlgemeinten Worte meiner Mutter: „Die Erika macht das schon, die kann und schafft das", schienen fast wie ein Fluch über mir zu hängen. Langsam begriff ich, dass ich mir viel zu oft auf die Schulter geklopft hatte.

Hatte es irgendwelche Probleme gegeben, hatte ich zwar Gott gebeten, mir zu helfen, aber nicht abgewartet, bis er es tat. Sondern ich hatte sofort die Ärmel hochgekrempelt und versucht, das Problem, so gut ich es vermochte, selbst zu lösen.

Hatte ich das nicht alleine geschafft, hatte ich verletzt gefragt: „Warum, Herr? Was habe ich falsch gemacht?" Oder ich hatte Gott die Schuld an meinem Versagen gegeben: „Wo bist du, Herr, warum hilfst du mir nicht, warum greifst du nicht ein?" Ich hatte gar nicht gemerkt, dass ich Gott überhaupt keine Möglichkeit gab, mir zu helfen oder einzugreifen, da ich ja alles schon selbst in die Hand genommen hatte.

Jetzt redete ich mir ständig ein, dass ich schuld an dem Fehlverhalten meiner Kinder sei. Natürlich hatte ich als Mutter Fehler gemacht, aber welche Eltern machen in ihrer Erziehung keine? Unsere Kinder waren sehr behütet aufgewachsen, und als sie in die Pubertät kamen und neue Freunde kennenlernten, kamen sie natürlich auch mit Jugendlichen aus Familien zusammen, die vieles „nicht so eng sahen" wie wir. Sie begannen selbst Neues auszuprobieren, und vor allem alles, was bei uns zu Hause verboten war, bekam eine ungeheure Attraktivität. Darauf hatten wir oft nicht ausreichend oder sogar falsch reagiert.

Nicht nur Andreas und Marc gingen diesen Weg. Bei Matthias hatte es im Alter von ungefähr dreizehn Jahren begonnen: Er lernte in der Schule neue Freunde kennen, brachte sie mit nach Hause und besuchte sie auch. Wir freuten uns für ihn, dass er in seiner Klasse so beliebt war. Erst nach und nach merkte ich, dass er sich merkwürdig verhielt. Ich konnte es nicht in Worte fassen, spürte aber, dass irgendetwas nicht stimmte. Auch seine Augen strahlten nicht mehr so wie früher, es war etwas in ihnen, das ich nicht zu deuten wusste. Da meinem Mann nichts dergleichen auffiel, bat ich Gott, mir doch zu zeigen, was mein Gefühl zu bedeuten hatte.

Eines Tages bemerkte ich, dass Matthias immer, wenn er aus der Schule nach Hause kam, sofort auf die Toilette ging. Das war sehr ungewöhnlich, vor allem weil es täglich passierte. Es gab doch genügend Toiletten in der Schule. Mein misstrauischer Instinkt sagte mir, dass hier etwas faul war.

Als Matthias eines Tages aus dem Haus ging, sah ich ihm nach und bemerkte, dass über ihm Rauch aufstieg. Das war es also, er rauchte heimlich, und wenn er dann nach Hause kam, wusch er sich zuerst die Hände, damit wir den Geruch nicht bemerkten. Das hatte auch funktioniert, wir hatten nichts gerochen. Irgendwie fiel meine heile Familienwelt in diesem Moment wie ein Kartenhaus zusammen. So etwas hatte ich nicht erwartet. Wie sollten wir uns jetzt verhalten?

Ich reagierte zunächst über die Maßen heftig und stellte ihn zur Rede, als er wieder nach Hause kam. Auch bei mir hatte es in meiner Jugend mit dem Rauchen begonnen, und ich hatte plötzlich Angst, dass Matthias in die gleichen Fallen treten könnte, in die ich blindlings gelaufen war. Meine Heftigkeit war ein Fehler, denn nun begann er sich immer mehr zu verschließen, was wiederum mich immer misstrauischer machte. Es war ein Teufelskreis.

Zuerst war es nur das Rauchen, aber dann kamen in schneller Folge andere Sachen dazu. Er traf sich immer öfter mit Freunden, brachte sie aber nicht mehr mit nach Hause. Nur wenige seiner Freunde lernten wir in den darauffolgenden Jahren kennen. Dann begann er zu trinken, log uns an, wechselte in rascher Folge seinen Musikstil und bestahl uns. Es begann eine Zeit, in der wir alles abschließen mussten.

Selbst die Spardosen seiner Geschwister waren vor ihm nicht mehr sicher. Eines Tages fand ich sie aufgebrochen und entleert in seinem Zimmer auf dem Fußboden liegen. Er aber stritt ab, sie an sich genommen und aufgebrochen zu haben. Das Geld fehlte, und wir nahmen diese Begebenheit zum Anlass, uns einen Tresor anzuschaffen und alle Spardosen darin einzuschließen. Als nach kurzer Zeit auch Dinge aus unserem Schlafzimmer fehlten, schlossen wir dieses Zimmer auch ab. Manchmal kam ich mir mit meinem Schlüsselbund vor wie ein Gefängniswärter.

Seine Arroganz, seine Lügen, seine Zorn- und Gewaltausbrüche machten vor allem mir zu schaffen. Es war, als ob er von einem Tag auf den anderen alles, was uns wichtig war, ablehnte. Ja, er machte sich sogar über unseren Lebensstil und Glauben lustig. Das traf mich völlig unvorbereitet und verletzte mich zutiefst.

Es tat mir aber auch weh zu sehen, wie er gegenüber seinen Geschwistern immer aggressiver und gewalttätiger wurde. Das wurde auch in seiner Sprache deutlich. Er benutzte Worte, die er niemals bei uns gehört hatte und die uns tief schockierten.

Wir hatten viele ausländische Freunde, und auch ihnen gegenüber bemerkten wir einen Wandel im Verhalten unseres Sohnes. Früher hatte er diese Freunde gern mit uns besucht und sich gefreut, wenn sie bei uns zu Besuch waren. An einem seiner Geburtstage hatten wir sogar mit ihm und seinen Freunden zusammen bei einer befreundeten Asylbewerberfamilie gefeiert. Diese Familie wohnte in einem Wohnheim außerhalb eines Dorfes am Waldrand. Wir machten mit den Kindern eine Fahrradtour dorthin und ließen uns mit der Familie und Matthias' Freunden auf der Wiese am Waldrand nieder. Dort spielten wir mit den Kindern, tranken Kaffee, aßen Kuchen und fuhren dann am Abend wieder mit unseren Fahrrädern nach Hause. Wir hatten viel Spaß miteinander, und Matthias freute sich am Ende des Tages über einen gelungenen Geburtstag.

Oft waren ausländische Freunde bei uns zu Besuch. Doch immer öfter hörten wir aus seinem Mund fremdenfeindliche Äußerungen. Voller Verachtung sprach er über Türken und Russen, Afrikaner und andere Ausländer. Wir hörten von ihm Sätze wie: „Die sollen doch zurückgehen, wo sie hergekommen sind. Was wollen die denn hier? Die nehmen uns doch nur die Arbeitsplätze weg", und manches, was noch viel schlimmer war. Es tat mir weh, das von ihm zu hören, da ich wusste, dass er früher anders gedacht hatte.

Matthias begann sich mit anderen Jugendlichen zu treffen, die durch rechtes Gedankengut auffielen, und dieses

Gedankengut beherrschte immer mehr sein Leben. Es war für uns so furchtbar, da er mit seinen Äußerungen die ganze Atmosphäre unserer Familie vergiftete. Hatten wir ihm nicht vorgelebt, dass vor Gott alle Menschen gleich waren und er sie alle liebte?

Wir versuchten immer wieder, ihm dies im Gespräch deutlich zu machen und ihm zu zeigen, wie falsch seine Gedanken waren. Er ließ sich aber nicht beirren und fand Unterstützung bei einigen seiner Freunde.

Nachdem sein Musikstil nach und nach immer rechter, radikaler und gotteslästerlicher wurde und er auch zunehmend Videos mit nach Hause brachte, die pervers und brutal waren, kontaktierten wir eine Erziehungsberatungsstelle. Es war uns alleine nicht mehr möglich, in Ruhe mit ihm zu reden, und so hofften wir dort auf Hilfe. Vergebens, er verweigerte sich.

Es dauerte nicht lange, bis unser Vertrauensverhältnis zu Matthias völlig zerstört war. Er hielt sich an keine Abmachung. Er tat, was er wollte, und kam nach Hause, wann er wollte. Bestraften wir ihn mit Hausarrest, verschwand er nachts einfach aus seinem Zimmer, indem er sich von seinem Balkon abseilte. Wir wussten einfach nicht mehr, was wir machen sollten. Wir konnten uns ja nicht nachts mit einem Gewehr auf die Terrasse setzen und seinen Balkon im Auge behalten. Auch konnte ich ihn nicht ständig beschatten und ihn täglich, wenn er nach Hause kam, durchsuchen. Selbst wenn ich es gekonnt hätte – was für einen Sinn hätte es ergeben? Wir waren nur noch ratlos, und mit der Ratlosigkeit wuchsen auch meine Schuldgefühle. Was hatten wir nur falsch gemacht?

Auch in der Schule fiel er durch aggressives Verhalten auf.

Eines Tages kam Matthias mit einem Freund aus der Schule nach Hause, sie wollten mit mir reden. An ihren Gesichtern konnte ich schon ablesen, dass etwas nicht stimmte. Ich bat die beiden, in die Küche zu kommen, und nicht Matthias, sondern sein Freund erzählte: „Ja, also, ich habe da eine Pistole mit in die Schule genommen, und Matthias und ich waren in der Pause auf dem Sportplatz. Ich habe dort geschossen und Matthias auch. Als die Pause dann um war, sind wir zurück auf den Schulhof. Matthias wollte dann noch einmal die Pistole haben und hat in die Richtung von einem Jungen geschossen. Er hat ihn aber nicht getroffen, er kann ihn gar nicht getroffen haben. Ja, und in der nächsten Stunde kam dann der Konrektor herein und hat furchtbar getobt. Er hat gesagt, dass das eine Verwarnung gibt, und wenn so etwas noch einmal vorkommt, dann fliegt der Matthias von der Schule. Er hat auch den Jungen dabeigehabt, und der hat auf den Matthias gezeigt und gesagt: ‚Der war es', und dann hat er auf mich gezeigt und hat gesagt: ‚Und der hat dann die Pistole eingesteckt.'"

Da saßen die beiden Revolverhelden nun und sahen gar nicht ein, dass sie etwas Falsches getan hatten.

Ich explodierte, schickte Patrick nach Hause zu seinen Eltern und Matthias auf sein Zimmer. Als mein Mann nach Hause kam, machte ich mir bei ihm noch einmal Luft. In mein Tagebuch schrieb ich: „Ich habe zwar mit meinem Mann geredet, aber mit Matthias seitdem nicht mehr. In meinem Herzen fühle ich nur Zorn und Ärger ihm gegenüber. Ich will ihn nicht mehr sehen und will auch nicht mehr mit ihm reden, aber mein Herz sagt mir gleichzeitig, dass ich das als Mutter gar nicht darf und auch gar nicht kann. Er sieht sein falsches Handeln nicht ein, ist selbstgerecht und arrogant."

Ich hoffte zwar noch, dass es kein größeres Nachspiel in der Schule haben würde, aber am nächsten Morgen wurde diese Hoffnung jäh zerstört, als um kurz nach acht das Telefon klingelte. Es war der besagte Konrektor. Er schrie mir förmlich alles, was passiert war, noch einmal ins Ohr, und ich merkte, dass die beiden Jungen keinesfalls übertrieben hatten. Nachdem er mir in seinem Zorn alles entgegengeschleudert hatte, wünschte er mir noch einen schönen Tag und legte auf, ohne mich zu Wort kommen zu lassen. Mir kamen die Tränen, nachdem er mich so abgekanzelt hatte, und ich weinte und weinte und weinte ...

Der Klassenlehrer redete den beiden noch einmal vor der versammelten Klasse ins Gewissen und endete mit den Worten: „Noch so eine Sache, und ihr beiden könnt hier verschwinden."

Als Nächstes schrieb ich in mein Tagebuch: „Jetzt hat Matthias Hausarrest, und auch sein geliebter Fußball und seine Leichtathletik sind gestrichen. Ich höre ihn aber in seinem Zimmer trainieren. Reden tue ich nur das Nötigste mit ihm. Es hätte im Moment wahrscheinlich auch gar keinen Sinn, ein Gespräch mit ihm anzufangen. So kann es aber nicht weitergehen. Ich brauche Ruhe zum Nachdenken. Heute Morgen habe ich in meinem Andachtsbuch gelesen: ‚Beten Sie gemeinsam durch ein Problem, durch

Prüfungen und andere Schwierigkeiten hindurch, nicht drum herum. Bitten Sie Gott um Geduld, damit Sie Zeit bekommen, aus der Erfahrung zu lernen. Verarbeiten Sie das Leid, das geschieht, als Familie gemeinsam. Oder wirkt diese Erfahrung trennend?' Wenn ich ganz ehrlich mit mir bin, dann muss ich zugeben, dass es unsere Familie auseinandergerissen hat. Alle leiden im Moment unter meinem Zorn und Frust."

Zwei Tage später schrieb ich: „Ich habe mich dann doch durchgerungen, mich bei Matthias zu entschuldigen für meine Zornausbrüche. Es hat mich sehr viel Überwindung gekostet, aber ich wusste, mit meinem Verhalten habe ich die Distanz zwischen uns nur noch vergrößert. Er hat meine Entschuldigung ohne Kommentar angenommen und nicht mit mir geredet. Ab und zu kam von ihm ein ‚Hm' oder ein ‚Ja' und ‚Nein', mehr aber nicht. Ich hatte mehr erwartet, aber er straft mich jetzt mit der gleichen Strafe wie ich ihn. Eigentlich habe ich es durch mein blödes Verhalten verdient, aber es tut weh. – Herr, hilf uns, dass wir wieder miteinander reden können."

Ich schämte mich auch als Mutter, da ich zu dieser Zeit in seiner Klasse Elternbeirätin war. Und mein Sohn gebrauchte eine Schusswaffe! Zu meinem Mann sagte ich: „Da gelten wir ja schon als asozial, mit unseren fünf Kindern, und wenn sich Matthias so benimmt – was sollen die Leute nur von uns denken? Bestimmt denken sie: Da setzen die einen Haufen Kinder in die Welt und dann können sie die noch nicht einmal erziehen! Wer weiß, wie es bei denen zu Hause zugeht!"

Mein Mann sah das von Anfang an anders. „Die Leute,

die uns kennen, wissen das schon einzuordnen, und was die anderen denken, ist mir egal." Tief im Innern wusste ich, dass er recht hatte, aber ich wollte unbedingt zeigen, was wir für eine tolle Familie waren und dass man auch fünf Kinder gut erziehen kann. Außerdem war es mir nicht egal, was die Leute von uns dachten. Es schien, als ob mein Selbstwertgefühl von dem Erfolg unserer Kindererziehung abhängig wäre.

Auch äußerlich sah man Matthias, wie schon erwähnt, bald die Veränderung an: Springerstiefel, Bomberjacke und Glatze waren bald sein Markenzeichen, und in seinem Zimmer lagen immer wieder Schlagringe, Messer und andere derartige Werkzeuge. Nahmen wir sie ihm weg, dauerte es nicht lange, und er hatte sich wieder neue besorgt.

Ein schlimmer Tag war für mich, als Matthias mit seiner Klasse im neunten Schuljahr zu einem ehemaligen Konzentrationslager fuhr. Trotz Verbotes verließ er das Haus morgens mit seiner Bomberjacke und in Springerstiefeln. In meiner Not rief ich bei unseren Gebetspartnern an und bat weinend um Gebet für ihn bei dem Besuch dieses ehemaligen Lagers. Ich selbst betete den ganzen Tag, dass Gott ihm doch dort am Ort dieser großen Gräuel die Augen für seine falsche Einstellung öffnen würde.

Abends kam er zurück, als ob nichts geschehen wäre. Er hat auch später nicht viel über diesen Ausflug erzählt, nur so viel, dass er „leider" seine Bomberjacke im Bus vergessen habe.

Konnte es sein, dass er so etwas wie ein schlechtes Gewissen bekommen hatte? Hatte er mich damals mit seiner Kleidung vielleicht sowieso nur provozieren wollen?

Ein anderes Mal klingelte an einem Sonntagmorgen schon früh unser Telefon. Zuerst wollte ich gar nicht abnehmen. Da ich aber Sorge hatte, dass irgendetwas mit Matthias wäre, ging ich dann doch an den Apparat. Es war Winter, und es hatte in den vergangenen Tagen geschneit. Matthias war am Abend zuvor mit dem Fahrrad seines Bruders in einen Nachbarort zu einer Geburtstagsparty gefahren. Er wollte dort bei seinem Freund übernachten. Die Eltern des Freundes waren damit einverstanden.

Am Morgen wollte er dann mit dem Fahrrad wieder nach Hause fahren. Mein Mann hatte Frühdienst an diesem Sonntag.

Zuerst war Matthias am Telefon und bat mich vor sich hin kichernd, ihn doch sofort im Nachbarort abzuholen. Seine Stimme klang zwar seltsam, aber ich machte mir keine weiteren Gedanken darüber. Ich überlegte kurz und antwortete ihm dann, dass er mit dem Fahrrad zurückfahren sollte, wie er es uns versprochen hatte, und wie es auch mit den Eltern des Freundes verabredet war, danach legte ich auf.

Ich war verärgert darüber, dass er die Frechheit hatte, mich am Sonntagmorgen in aller Frühe aus dem Bett zu klingeln, und dass er sich nicht an die Abmachung hielt. Wir waren schließlich kein Taxiunternehmen, das man zu jeder Tages- und Nachtzeit anrufen konnte. Es hatte für mich den Anschein, dass er bei dem kalten Wetter keine Lust hatte, mit dem Fahrrad nach Hause zu fahren. Mein Mann fuhr täglich und bei jedem Wetter mit dem Fahrrad zur Arbeit, auch an diesem Morgen.

Da klingelte das Telefon wieder. Diesmal war ein Rettungsassistent des Roten Kreuzes am Telefon und bat mich, doch meinen Sohn abzuholen.

Es stellte sich dann heraus: Matthias war irgendwann in der Nacht mit dem Fahrrad total betrunken von der Party aufgebrochen und am Ortsausgang in den Straßengraben gefahren. In seinem Zustand war es ihm nicht mehr möglich gewesen aufzustehen, und so war er einfach liegen geblieben. Früh am Morgen hatten ihn dann Anwohner gefunden und den Rettungswagen angerufen.

Da mein Mann im Dienst war, musste ich wohl oder übel zu der Stelle hinfahren und ihn abholen. Am liebsten wäre ich dort in den Erdboden versunken. Ich hoffte nur, dass mich niemand erkannte.

Die Leute, die ihn gefunden hatten, standen am Fenster und schauten zu, wie ich den unter Alkoholeinfluss stehenden Jungen mitsamt seinem Fahrrad in unseren Bus verfrachtete. Matthias fand die ganze Situation auch noch lustig und machte Witze. Mir aber war ganz anders zumute.

Ich war auf der einen Seite total verärgert, auf der anderen Seite aber froh, dass Gott ihn so bewahrt hatte. Er hätte erfrieren können, wenn ihn niemand gefunden hätte.

Oft waren es die Nächte, die mich so fertig machten. Wir hatten uns zwar mit anderen Eltern abgesprochen, dass wir normalerweise die Jugendlichen zu einer bestimmten Zeit abholten, aber was taten sie in der Zwischenzeit? Es verursachte mir Qualen, nicht auf meine Kinder aufpassen zu können. Immer wieder lag ich wach und hoffte, dass sie bald gesund zu Hause waren. Aber auch tagsüber hatte ich Angst, das Haus zu verlassen, da ich nie wusste, wie ich alles wieder vorfinden würde.

Einmal waren wir zu einer Konfirmation eingeladen, und Rebekka und Matthias blieben zu Hause. Eine unserer Familienregeln besagt, dass wir keine fremden Besucher in unserem Haus haben möchten, wenn wir Eltern nicht zu Hause sind; es sei denn, es ist vorher mit uns abgesprochen.

Als wir nun am Abend wieder zurückkamen, sahen wir vor unserem Haus einige Fahrräder und Inlineskates stehen. Das Haus war voller Jugendlicher, die sich benahmen, als ob ihnen das Haus nebst Inhalt gehörte. Wir wurden anscheinend von ihnen gar nicht wahrgenommen, denn einige gingen an uns vorbei in die Küche, nahmen sich, was sie gerade wollten, aus den Schränken und dem Kühlschrank. Eine andere Gruppe saß im Wohnzimmer; einer von ihnen hämmerte auf unserem Klavier herum, während ein anderer auf meiner Gitarre zupfte. Alle Kinderzimmer waren mit Jugendlichen besetzt, und unser lieber Sohn steckte zusammen mit seiner Schwester mitten im Getümmel.

„Könnt ihr uns einmal verraten, was das hier soll? Ihr wisst doch, dass wir keine Fremden im Haus haben wollen, wenn wir nicht zu Hause sind", fragten wir unsere Kinder. Ich sagte zu Matthias: „Ich finde das eine Frechheit, unser Vertrauen so zu missbrauchen. Das ist für mich eine Verletzung meiner Intimsphäre, wenn ihr ungefragt fremde Leute in unser Haus und in alle Zimmer lasst."

Matthias aber entgegnete nur mit dem Blick auf unser verschlossenes Schlafzimmer: „Ich weiß gar nicht, warum ihr euch so aufregt, eure Intimsphäre dort oben ist doch sowieso abgeschlossen."

Ich war furchtbar wütend. Für mich war unser Haus ein Schutzraum, in den ich mich zurückziehen konnte.

Als die Jugendlichen die dicke Luft bemerkten, machten sie sich schnell aus dem Staub. Zurück blieb eine große Unordnung, einige kaputte Sachen, es fehlten einige Dinge aus der Wohnung, und in mir blieb ein noch größeres Misstrauen zurück.

Selbst verschlossene Türen waren für Matthias kein Hindernis mehr. Als wir an einem Sonntag im Sommer mit Freunden spazieren gingen, hatten wir die Tür zu unserem Büro abgeschlossen. Andreas war zu Hause geblieben, um zu lernen, und Matthias war noch bei der Arbeit. Ich hatte ihnen etwas zum Mittagessen in den Kühlschrank gestellt.

Als Matthias von der Arbeit nach Hause kam, war er verärgert, dass das Mittagessen nicht seinen Wünschen entsprach. Ärgerlich rief er mich bei den Freunden an und fragte, wann wir nach Hause kämen, damit er etwas Ordentliches essen könne. Ich erklärte ihm, dass er sein Essen im Kühlschrank fände und es heute nichts anderes geben würde. Wütend legte er auf. Voller Zorn beschloss er, sich im Büro an den Computer zu setzen und zur Ablenkung einige Spiele zu spielen. Doch leider war die Tür abgeschlossen. Außer sich vor Zorn trat er sie kurzerhand ein.

In mein Tagebuch schrieb ich damals über diesen Tag: „Matthias empfand, dass er das Recht hatte, die Tür einzutreten. Wir hätten ja nicht abzuschließen brauchen. Er lebt nur auf Kosten anderer und rechtfertigt seinen Lebensstil mit seinem ‚Recht'. Wenn er nicht bekommt, was er will, dann nimmt er es mit Gewalt, da er seiner Meinung nach ja im Recht ist. Ich kann das kaum noch ertragen und habe Angst vor ihm und um ihn. Wohin soll das bei ihm noch führen?"

Darunter schrieb ich die Losung dieses Tages, deren Zusage ich allerdings damals nicht aufnehmen konnte, ebenso wie die folgenden Zeilen aus einem Gesangbuchlied: „Ihr werdet weinen und klagen, ... doch eure Traurigkeit soll in Freude verwandelt werden" (Johannes 16,20).

> „Was helfen uns die schweren Sorgen,
> was hilft uns unser Weh und Ach?
> Was hilft es, dass wir alle Morgen
> beseufzen unser Ungemach?
> Wir machen unser Kreuz und Leid
> nur größer durch die Traurigkeit."

Das waren Worte des Trostes und der Beruhigung, doch mein Herz konnte sie nicht erfassen. Ich war voller Traurigkeit und hatte keinen inneren Knopf, um die Unruhe abzustellen.

Wann sollte es denn endlich geschehen, dass mein Weinen und Klagen in Freude verwandelt wurde? Wie lange würde es noch dauern? Es zerriss förmlich mein Herz, mein Kind in diesem Zustand zu erleben. Matthias schien ein ganz anderer Mensch geworden zu sein, und nichts erinnerte mehr an den lustigen kleinen Jungen, der seiner Mama immer einen Strauß Löwenzahnblüten geschenkt und dabei fröhliche Kinderlieder gesungen hatte. Eine tiefe Traurigkeit breitete sich in meinem Leben aus.

Dennoch gab ich nicht auf und schrieb mir jede Zusage, die ich in dieser Zeit in der Bibel las, auf. Meist schrieb ich dazu Sätze wie diese:

„Gott wird sich meiner Kinder annehmen. Er kennt die Sehnsucht meines Herzens, er hört mein Schreien und wird antworten."

Las ich diese Sätze, gaben sie mir neue Hoffnung, und für kurze Zeit kam wieder etwas Licht in meine verwundete Seele, bis mich die dunklen Schwingen der Sorgen wieder bedeckten. Natürlich änderte sich durch mein Sorgen gar nichts, im Gegenteil, je mehr Sorgen ich mir machte, desto sorgenvoller wurde ich.

Auch Matthias änderte sich durch meine Sorgen nicht, im Gegenteil, es nervte ihn nur. Die Probleme mit ihm standen wie ein riesiger Berg vor mir, und ich nahm kaum noch etwas anderes wahr.

Ich hätte alles getan, um Matthias aus diesem Schmutz herauszuholen, er war doch mein Kind und ich liebte ihn, aber er wollte meine Hilfe nicht. Was aber noch schlimmer war: Er sah gar nicht, dass er Hilfe brauchte. Aber auch ich brauchte Hilfe und sah es nicht.

Erst viel später, als wir Probleme mit Andreas hatten und ich Gott bat, auf die Kinder aufzupassen, wurde ich ruhiger.

Heute erkenne ich, dass Gott schon damals oft versucht hat, mir die Verantwortung für das Leben meiner Kinder aus der Hand zu nehmen. Damals habe ich es nur noch nicht verstanden. Ich sah immer nur meine Verantwortung als Mutter, aber begriff nicht, dass ich meine Kinder auch freigeben musste, damit Gott an ihnen arbeiten konnte. Wie mit eisernem Griff hielt ich sie fest und wollte sie nicht in Gottes Hände abgeben. Ich wollte die Fäden in der Hand behalten und daran ziehen.

Erst langsam begriff ich, dass ich meine Kinder nicht bis zum Ende aller Tage vor allem Bösen bewahren kann. Das kann letztlich nur Gott. Ich muss sie gehen lassen, damit sie ihre eigenen Entscheidungen für ihr Leben treffen können. Auch sie werden aus ihren Fehlern lernen, das kann ich ihnen nicht abnehmen. Wohl aber kann ich immer für sie beten, und das tat ich auch immer.

Es waren schmerzhafte Jahre, in denen ich gefühlsmäßig oft durch die Hölle ging. Immer und immer wieder zeigte mir Gott, dass er durchaus Herr der Lage war. Oft hat er unsere Kinder vor Schlimmem bewahrt, aber ich habe dadurch nicht aufgehört, mir Sorgen zu machen, im Gegenteil: Je mehr passierte, desto mehr habe ich mich gesorgt und geschämt.

Nahm Matthias unsere gut gemeinten Ratschläge nicht an, fühlte ich mich von ihm total abgelehnt. Ich nahm es persönlich und war tief verletzt durch seine Reaktionen. Ich begriff nicht, dass er nur meinen Ratschlag ablehnte, nicht mich.

Am Ende seiner Schulzeit, als Matthias nach einem Ausbildungsplatz suchte, wurde er angezeigt, weil er einem Jungen aus unserem Dorf eines Nachts das Mofa angezündet hatte. Mitten in der Nacht klingelte es bei uns. Schlaftrunken dachte ich, dass einer unserer Söhne wieder einmal den Schlüssel vergessen hätte. Da mein Mann einen tiefen Schlaf hat und nachts durch kaum etwas zu wecken ist, musste ich öffnen.

Doch es war keiner unserer Söhne, es war die Polizei, die vor der Haustür stand. Zwei Straßen weiter sei ein Mofa angezündet worden, und Anlieger hätten unseren Sohn zur Tatzeit dort gesehen, erklärte mir einer der Polizisten. „Ihr Sohn ist gesehen worden, wie er mit einem Benzinkanister in der Hand weglief. Ist er zu Hause? Können wir ihn sprechen? Haben Sie irgendwo einen Benzinkanister? Können Sie ihn mir zeigen?"

Ich war wie mit einem Hammer geweckt. So viele Fragen auf einmal, ich fühlte mich wie in einem schlechten Film. Was wollten die Polizisten? Ich überlegte, ob Matthias oben in seinem Zimmer war. Im Halbschlaf hatte ich jemanden im Treppenhaus gehört.

Die Polizisten baten mich, sie zum Zimmer unseres Sohnes zu begleiten. Sie wollten sich dort umschauen und Matthias befragen. Gleichzeitig machten sie mir klar: Wenn ich ihrer Aufforderung nicht nachkam, würden sie mit einem Hausdurchsuchungsbefehl wiederkommen.

Was blieb mir anderes übrig, als sie hereinzulassen? Schlaftrunken ging ich mit ihnen hinauf zu Matthias' Zimmer.

Als ich seine Tür öffnete, dachte ich nur: *O nein, was sollen die Polizisten jetzt denken?* Im Zimmer herrschte das totale Chaos. Matthias hatte seine Kleidung achtlos auf den Boden geworfen, es stank furchtbar nach Alkohol, und er lag friedlich schlafend im Bett. Ich schämte mich unsagbar.

Wir weckten ihn, und die Polizisten versuchten ihn zu befragen. In der Zwischenzeit ging ich in unser Schlafzimmer und weckte auch meinen Mann.

Matthias stritt alles ab. Auch wir wurden befragt, konnten aber zu der ganzen Sache keine Angaben machen. Die Polizisten suchten einen Benzinkanister, mit dem Matthias gesehen worden war. Wir hatten zwar einen Ersatzkanister, der immer in unserem Keller stand, aber als wir ihn jetzt suchten, konnten wir ihn dort nicht finden. Schließlich fand ihn mein Mann in unserer Garage. Er war achtlos dort hingeworfen worden, und er war leer.

Matthias stritt alles ab, aber seine Hände rochen verdächtig nach Benzin. Seine Kleidung, die nach Benzin stank, nahmen die Polizisten als Beweismittel mit. Matthias konnte nicht mehr länger leugnen.

Den Einsatz der Feuerwehr mussten wir genauso bezahlen wie das Mofa des Jungen, und es dauerte gar nicht lange, bis es zur Verhandlung vor dem Jugendrichter kam.

In der Zwischenzeit ging es mir ähnlich wie jetzt bei Marc – ich schämte mich für das Verhalten meines Sohnes so sehr, dass ich mich tagelang nicht aus dem Haus traute. Ich hatte Angst vor den Reaktionen der Leute. Zwar traf ich berufsbedingt viele Leute aus unserem Dorf, doch ich versuchte, neutrale Themen anzusprechen, und hatte Glück. Anscheinend traute sich niemand, mich zu fragen, aber ich war mir sicher, dass dieser Vorfall Dorfgespräch war.

Matthias hatte zu diesem Zeitpunkt schon einen Ausbildungsplatz in Aussicht, und da er bereits über sechzehn war, konnte er damit rechnen, dass er im Falle einer Verurteilung als vorbestraft galt. Für den Ausbildungsplatz benötigte er aber ein polizeiliches Führungszeugnis.

Meine Gedanken und Sorgen um unseren Sohn ließen

mir einfach keine Ruhe. Ich hatte Angst, dass er verurteilt würde. Als Vorbestrafter hätte er kaum eine Chance auf seinen Traumberuf gehabt.

Mein Mann ging an dem Verhandlungstag mit unserem Sohn zum Gericht. Matthias entschuldigte sich dort und versprach, nicht wieder so einen Mist zu bauen. Ich war mir zwar nicht sicher, ob er das auch wirklich so meinte, aber der Richter glaubte ihm und hatte ein Einsehen. Da er die Aussicht auf einen Ausbildungsplatz hatte, ließ der Richter Gnade vor Recht ergehen. Er verurteilte ihn nur zu Sozialstunden. Er machte Matthias aber klar, dass er in den nächsten Jahren nicht wieder straffällig werden dürfe, da er dann bei einer Verurteilung als vorbestraft gelten würde.

Als Marc jetzt im Computer der Polizei landete, stand auch die nächtliche Feuerattacke von Matthias noch in der Datei. Der Polizeibeamte konnte sich gut an diese Sache erinnern.

Matthias hat seinen Ausbildungsplatz bekommen und den Abschluss als Zweitbester seines Jahrgangs gemacht. Danach bekam er einen Jahresvertrag im gleichen Betrieb und wurde letztes Jahr mit einem unbefristeten Vertrag fest eingestellt. Er ist an seiner Arbeitsstelle als höflich, zuverlässig und zuvorkommend bekannt und wird von allen Seiten für sein vorbildliches Verhalten gelobt. Gott hat sein Versprechen bis jetzt gehalten und sich um ihn gekümmert. Unser Sohn hat sich verändert und ist auf dem Weg, sich seinen Platz in der Welt der Erwachsenen zu suchen.

Bomberjacke und Springerstiefel gehören nicht mehr

zu seinen Kleidungsstücken, und von seinem früheren rebellischen Verhalten ist nicht mehr viel zu merken. Er hat schon seit einiger Zeit eine eigene Wohnung und wohnt nicht mehr bei uns, aber er kommt uns gern und oft besuchen. Ich bin froh, dass ich es geschafft habe, ihn loszulassen.

Das Verhältnis zu ihm ist entspannt und fröhlich, auch wenn wir nicht alles, was er tut, für richtig halten. Er ist aber auf einem guten Weg.

Ich habe verstanden, dass nicht ich mit meiner Erziehung, sondern nur Gott allein ihn lehren kann, und Matthias muss ihm dann sein Ja dazu geben. Wir als Eltern haben immer wieder versucht, ihm klarzumachen, dass wir zwar sein Verhalten ablehnen, aber nicht ihn. Immer wieder haben wir ihm gesagt, dass wir ihn lieben und für ihn da sind, und dass die Tür nach Hause immer offen sein wird.

Bei Matthias hat Gott mir bewiesen, dass ich mich auf ihn verlassen kann. Aber so oft er mir das gezeigt hat, genauso oft habe ich versucht, mich einzumischen. Während ich ihn um Hilfe bat, habe ich meist parallel dazu noch andere Menschen um Hilfe gebeten oder selbst versucht, eine Lösung herbeizuführen, ohne erst mal abzuwarten, wie Gott helfen wollte. Oft dachte ich, wenn jemand aus unserer Gemeinde Anteil am Leben unserer Kinder nehmen würde, käme es zu einer Veränderung. Ich bettelte um Hilfe, aber vergebens. Außer einigen wenigen Freunden schien es niemanden zu interessieren, in welcher Not wir uns befanden.

Eigentlich hätte ich es doch schon gelernt haben müssen, mein Vertrauen auf Gott zu setzen und ihn meine Probleme und die der Kinder lösen zu lassen. Ich will nicht sagen, dass ich gar nichts gelernt habe, das würde nicht stimmen. Es waren aber oft nur kleine Stückchen, die ich begriffen habe, und so schnell, wie ich sie verstanden hatte, so schnell waren sie in der Hektik des Alltags auch wieder vergessen.

7. Wachstumsschmerzen

Im Frühjahr 2001 planten wir unseren Sommerurlaub. Zu dieser Zeit hatten wir schon große Probleme mit Matthias und Andreas. Ihr ganzes Vaterlandsgehabe und ihre Ausländerfeindlichkeit gingen uns gehörig auf die Nerven. Da hatte ich eine Idee: „Wie wäre es", fragte ich meinen Mann, „wenn ich mit den beiden einfach weit weg ins Ausland fliegen würde, damit sie einmal sehen, wie es in anderen Ländern zugeht und sie sogenannte Ausländer einmal in ihrem eigenen Land erleben? Die beiden wären dann quasi selbst auch Ausländer." Mein Mann fand die Idee toll, und so überlegten wir, wohin die Reise gehen sollte.

Wir entschieden uns dann nicht für die Türkei, Russland oder Afrika, sondern für die USA. Einige unserer amerikanischen Freunde baten uns schon seit einigen Jahren, sie doch zu besuchen. Das hätte sogar den Vorteil, dass wir praktisch mitten drin im amerikanischen Leben wären und nicht in irgendeinem Touristenzentrum, wo man Land und Leute nicht näher kennenlernen kann.

Doch anstatt sich zu freuen, blockten unsere Söhne ab. Matthias weigerte sich schlicht mitzufliegen und sagte: „Ich fliege nicht mit, ich verlasse mein Vaterland nicht." Punkt, Ende der Diskussion. Außerdem erklärte er uns, dass er vorhabe, schon ab den Sommerferien zu arbeiten.

Andreas hatte noch nichts vor, aber auch er wollte wie sein Bruder nicht aus seinem Vaterland weg. Ich wusste, es würde ihm guttun, einmal für einige Wochen von seinen

Freunden getrennt zu sein. Er würde dort in den Staaten andere Menschen kennenlernen und erleben, dass es auch im Ausland schön sein kann, und dass Ausländer Menschen waren wie er. Es gab aber in meinen Augen noch einen Pluspunkt: Er konnte sich dort keinen Alkohol und keine Zigaretten kaufen. Das ist in den USA für Jugendliche in seinem Alter strafbar. (Damals war er noch Schüler.)

Mein Mann und ich entschieden, dass ich mit Andreas und Rebekka fliegen würde. Rebekka freute sich darauf, aber Andreas sagte jedem, ob der es hören wollte oder nicht: „Meine Eltern zwingen mich dazu, mit meiner Mutter und meiner Schwester in den Ferien in die USA zu fliegen. Ich will aber in meinem Vaterland bleiben."

Ja, ich musste Andreas dazu zwingen mitzufliegen. Für ihn war es nur in Deutschland schön und gut. Beim Abflug hatte ich jedoch die Hoffnung im Gepäck, dass er verändert zurückkommen und es ihm am Ende vielleicht doch Spaß machen würde.

Leider hatten wir in den USA schon in den ersten Tagen einen ordentlichen Streit, bei dem Rebekka und Andreas sich gegen mich zusammentaten und mir am Ende der Auseinandersetzung ganz unverblümt sagten: „Du bist doch selbst schuld daran, dass wir von Gott nichts mehr wissen wollen. Es regt uns einfach auf, wenn wir ein Problem haben und du immer nur sagst: ‚Bete doch mal dafür.' Wir können das nicht mehr hören!"

Das war eine schallende Ohrfeige für mich! Natürlich wollte ich meinen Kindern bei Problemen so helfen, wie ich es am wirksamsten fand, und wir versuchten dann gemeinsam, Lösungen zu finden. Ich ermutigte sie auch immer, über schwierige Dinge zu reden und zu beten, sich Hilfe und Rat bei anderen Leuten zu holen, und für die Probleme, für die wir keine Lösung sahen, ebenfalls zu beten. Das war für mich eine Selbstverständlichkeit in meinem Glaubensleben und ich sah keinen Grund, unseren Kindern diese Möglichkeit der Problemlösung vorzuenthalten. Ich sagte doch nur zu ihnen: „Bete doch mal dafür", wenn sie die anderen Möglichkeiten schon ausgeschöpft hatten und sie von mir einen Rat wollten. Doch all das hatten sie aus ihrem Gedächtnis gestrichen.

Es fielen noch andere böse und verletzende Worte. Mit viel Mühe konnte ich die Tränen zurückhalten. *Habe ich etwa alles falsch gemacht, was man in der Erziehung nur falsch machen kann, und gehen meine Kinder wegen mir solche Wege, indem sie sich vom Glauben abwenden?* Schuldgefühle stiegen in mir hoch. Ich hatte doch die besten Absichten gehabt.

Meiner Meinung nach hatte ich alles für meine Kinder getan, was ich konnte. Ich hatte sie vor vielen Gefahren gewarnt und versucht, ihnen einen besseren Weg zu zeigen. Ich war immer für sie da, wenn sie Hilfe brauchten, und das, so dachte ich jedenfalls, wussten unsere Kinder auch.

In meiner eigenen Jugend war ich sehr schlechte Wege gegangen, und niemand hatte mich davor gewarnt, auch meine Eltern nicht. Als ich mit siebzehn Jahren mein Leben Jesus anvertraute, hatte ich schon schlimme Erfahrungen hinter mir. Mit vierzehn hatte ich erste Männerbeziehungen, rauchte, trank, log, stahl, begann leichte Drogen zu nehmen und verstrickte mich in Okkultismus.

Mit siebzehn war ich dann schon ein menschliches Wrack. Auf einem Bild aus dieser Zeit sehe ich gut und gern zwanzig Jahre älter aus.

Ich hoffte damals, für mein Leben Hilfe bei Männern und im Alkohol zu finden, leider vergebens. Immer wieder wurde mein Vertrauen missbraucht, und ich wurde verletzt, aber im Rausch konnte ich dieses Leben einigermaßen ertragen. Wenn ich dann wieder nüchtern war, erkannte ich, in welch elender Verfassung ich doch war. Immer noch hoffte ich, es zu schaffen, irgendwie Aufmerksamkeit zu erregen – dass jemand meine Not sehen und mir helfen würde. Ich wünschte mir aber auch, dass mich einfach einmal jemand in den Arm nahm, um mir zu sagen, dass ich geliebt wurde.

Mein ganzes Leben war ein einziger Schrei nach Liebe und Aufmerksamkeit gewesen, und meine Sehnsucht nach Liebe war so groß, das es schon fast wehtat. In meinem Inneren fragte ich mich damals ständig, warum es mir nicht gelang, so wie meinen Freundinnen, jemanden zu finden, der mich einfach liebte und annahm, so wie ich war. Oder war ich vielleicht nicht liebenswert, hatte ich etwa einen Makel, den nicht ich, sondern nur andere sehen konnten?

Auch in der Schule sackte ich als Teenager total ab. Ich hatte keine Lust zu lernen, schwänzte einfach und fuhr irgendwohin. Mittags war ich dann pünktlich zu Hause. Meine Eltern bekamen erst etwas von dem Schuleschwänzen mit, als ich einen Fehler machte: Zu Hause erzählte ich eines Tages, dass wir mit der Klasse einen Tagesausflug machen würden. Ich wollte zusammen mit einer Freundin einen Tag in einer Stadt etwas weiter weg verbringen.

Leider hatte diese Freundin zu ihrer Mutter gesagt, dass sie einige Tage wegfahren würde. Sie hatte aber nicht das Datum ihrer Rückkehr genannt. Ihre Mutter rief daraufhin im Sekretariat unserer Schule an, da flog der ganze Schwindel auf, und es wurde natürlich geforscht, wer noch mit diesem Mädchen unterwegs war. Schnell kam man dabei auf mich. Wir beide aber waren schon unterwegs und verlebten einen nicht so schönen Tag. Alles schien sich gegen uns verschworen zu haben, unser ganzer Ausflug wurde zum Desaster.

Als wir auf dem Rückweg auf der Autobahn auch noch von zwei Männern mitgenommen wurden, die recht eindeutige Erwartungen an uns hatten, wollte ich nur noch nach Hause. Ich drohte, während der Fahrt aus dem Auto zu springen, und wurde hysterisch. Da ließen die Männer uns gehen. Unterwegs trafen wir in der Nähe unseres Heimatortes einen Bekannten, der uns erklärte, dass wir schon von der Polizei gesucht würden.

Auch die Rückkehr zu den Eltern war furchtbar. Irgendjemand hatte zu meinen Eltern gesagt, ich würde Drogen nehmen. So kam es, dass mein Vater mich zu Hause nicht nur zusammenschlug, sondern auch an meinem Körper nach Einstichstellen suchte. Es war erniedrigend.

In der Schule gab es dann ein langes Gespräch mit dem Rektor, und zum Abschied sagte er zu meiner Mutter: „Frau W., wenn ich lauter solche Schüler hätte wie Ihre Tochter, dann hätte ich meinen Beruf schon lange aufgegeben."

In meinem Halbjahreszeugnis stand unter Fehlzeiten: „32 Tage, davon ? unentschuldigt."

Mein Leben war mir gleichgültig geworden. Von zu Hause wollte ich weg, aber wohin? Irgendwie schien ich festzusitzen und ich sah keinen Sinn mehr darin weiterzuleben. Es schien einfach alles so sinnlos, und es gab in meinen Augen keinen Ausweg außer einem. In meiner Not sammelte ich eines Tages zu Hause so viele Tabletten, wie ich nur finden konnte. Was es für welche waren und welche Wirkungen sie hatten, war mir egal. Die Hauptsache war für mich, dass ich ohne Schmerzen hinüberschlummern würde in eine andere Welt. Zu guter Letzt hatte ich einen ganzen Frühstücksbeutel voll mit Tabletten, die würden bestimmt genügen. Ich schrieb noch einen Abschiedsbrief an meinen Freund und nahm alle Pillen auf einmal ein.

Ich schlummerte zwar hinüber, aber nicht in eine andere Welt. Eine Freundin fand mich, und ich wurde ins nächste Krankenhaus gebracht. Als ich wieder zu mir kam, saßen meine Eltern am Bett. Sie konnten meine Tat nicht verstehen, und ich konnte sie ihnen gegenüber auch nicht in Worte fassen. Was hätte ich ihnen denn sagen sollen? Was ich auch gesagt hätte, es hätte sie nur verletzt, und so entschied ich mich dafür zu schweigen.

Liebe bekam ich danach nicht zu spüren, es war eher Unverständnis, das mir entgegenschlug. In der nächsten Zeit sprachen sie wenig mit mir. Für meine Eltern war es das Wichtigste, dass niemand von meinem Selbstmordversuch erfuhr, nach dem Motto: Was sollen die Leute denken?

Wenn es tatsächlich mal ein Gespräch gab, dann kamen von ihnen nur Fragen und Vorwürfe. Sie verstanden meinen Hilferuf nicht, wie auch? Sie waren zu sehr mit sich selbst beschäftigt.

Tiefer und tiefer stürzte ich in Abhängigkeiten hinein und tat alles, nur um angenommen und geliebt zu werden. Es war ein furchtbarer Teufelskreis, der mich nur in eine Richtung zog: Nach unten!

Im November 1975 lud mich eine ehemalige Klassenkameradin zu einer Evangelisationsveranstaltung mit Richard Straube ein. Ich hatte von diesem Mann noch nie gehört, aber da ich an diesem Abend nichts anderes zu tun hatte, ging ich mit.

Gebannt hörte ich seiner Predigt zu. Alles, was er sagte, berührte mein verwundetes Herz. Es war, als würde er nur zu mir sprechen, und als würde er mein Leben wie seine Westentasche kennen. Am Ende sagte er, dass jeder sein Leben diesem Jesus, von dem er erzählt hatte, anvertrauen könnte, wenn er wollte. Da überlegte ich nicht lange. Zum ersten Mal in meinem Leben hatte ich das Gefühl, dass es tatsächlich jemanden gab, der mich so liebte und annahm, wie ich war. Ich vertraute diesem Jesus mein Leben an.

Einige Monate später fand ich im „Help Center" in Herbstein im Vogelsberg, dessen Leiter dieser besagte Richard Straube war, Hilfe. Hier lernte ich, was es bedeutet, als Christ zu leben, und begann erste Dinge in meinem Leben in Ordnung zu bringen und aufzuarbeiten. Es war wirklich ein neues Leben, das nun für mich begann. Vieles sah ich jetzt aus einer anderen Perspektive und fragte mich, warum meine Eltern mich nicht vor den vielen Gefahren des Lebens gewarnt hatten. Vielleicht wäre mir dann vieles erspart geblieben.

Im Help Center begegnete mir auch eine Besucherin aus Gießen. Es stellte sich heraus, dass sie die Tante einer Freundin war, die ich vor einigen Jahren, als ich zu einer Kindererholung im Allgäu war, kennengelernt hatte. Sie freute sich, mich hier zu sehen, und sagte zu mir: „Erika, du glaubst gar nicht, wie viel wir in Gießen für dich gebetet haben, dass du Hilfe bekommst und zu Jesus findest." Meine Freundin hatte ihr von meinen Problemen erzählt, und sie hatte gespürt, wie sehr ich Hilfe brauchte. Fremde Menschen hatten für mich gebetet, und Gott hatte ihre Gebete erhört!

Schon damals nahm ich mir vor, dass ich später einmal meine Kinder vor den vielen Gefahren, die in der Pubertät und im weiteren Leben lauern, warnen würde. Ich würde ihnen erzählen, wie es mir ergangen war. Ich wollte es anders machen als meine Eltern. Ich nahm mir vor, später einmal meine Kinder in den Arm zu nehmen und ihnen immer wieder zu versichern, dass ich sie liebte.

Das alles hatte ich auch bei meinen Kindern getan. Sie wussten, dass wir sie liebten, aber sie wollten auf meine Warnungen nicht hören. Sie meinten, dass sie über diesen Dingen standen und alles anders machen würden. Das, was ich ihnen erzählte, sei wohl im Mittelalter so gewesen, heute sei ja alles anders. Leider merkten sie nicht, dass sie in die gleiche Falle tappten wie ich.

Das wiederum verstand ich damals nicht. Sie bekamen doch all das, was ich mir in meiner Jugend gewünscht hatte, und machten trotzdem die gleichen Fehler. Lag es dann vielleicht doch nicht an unserer Erziehung? Ich war verwirrt!

In meiner Kindheit und Jugend war ich so furchtbar verletzt worden. Mein ganzes Sehnen war, meine Kinder vor diesen Schmerzen zu bewahren. Ich wusste genau, wie lange es dauerte und welche Kämpfe es auszustehen galt, bis man endlich frei war. Immer wieder, auch jetzt noch, tauchen Verletzungen aus meiner Kindheit und Jugend auf, die es zu bearbeiten gilt. Viele Reaktionen von heute wurzeln in meiner Vergangenheit, und es kostet mich Mut und Kraft, mich damit auseinanderzusetzen, damit ich frei werde. Am Ende aber lohnt sich diese Anstrengung.

Während unseres Urlaubs in den USA merkte ich, wie hilflos ich als Mensch war. Ich konnte meine Kinder nicht beschützen, sie wollten es nicht. Sie wollten sich von mir losreißen, und für mich war es so, als ob sie in ihr Verderben rennen würden. Augen zu und hinein in die Dunkelheit. Heute sehe ich, dass sie nur ihre eigenen Erfahrungen machen wollten und ich sie dazu nicht gehen ließ. Je mehr ich sie aber festzuhalten versuchte, desto heftiger rissen sie sich von mir los. Sie wollten weder meinen Rat noch meinen Schutz, und ich fühlte mich total hilflos und abgelehnt. Wie sollte ich ihnen nur helfen, einen guten Weg zu gehen?

Als ich dann später allein war, klagte ich Gott meine ganze Not und die unserer Kinder. Während ich alles bei Gott ablud, um Erleichterung für meine Sorgen zu finden, hörte ich, wie er ganz leise in mein Herz sprach: „Lass sie endlich los, ich werde mich um deine Kinder kümmern, du brauchst es nicht zu tun. Ich werde sie führen und lehren, nicht du. Liebe sie einfach so, wie sie sind, und ich kümmere mich um alles andere. Ich habe mich doch auch um dich gekümmert."

Ich entschuldigte mich später bei Rebekka und Andreas und bemühte mich, Gottes Rat umzusetzen: Keine ungebetenen Ratschläge mehr!

Es geschah nicht über Nacht, aber tatsächlich begann ich schon in diesem Urlaub, den Kindern nicht mehr dauernd ungefragt Ratschläge zu erteilen und sie vor allem Möglichen zu warnen. Ganz loslassen konnte ich zwar noch nicht, aber ich bemühte mich immer mehr.

Die ganze Lage entspannte sich zusehends, und es wurde doch noch ein schöner Urlaub. Die Reise tat den Kindern gut, und Andreas sagte später auf dem Heimflug: „Mama, das war der schönste Urlaub, den ich je erlebt habe. Wenn ich kann, würde ich gerne noch einmal dort hinfliegen und all die Leute besuchen. Die waren alle so nett und lustig. Das hat richtig Bock gemacht."

Wenige Wochen nach unserer Rückkehr nach Deutschland sollte ich dann eine neue Lektion zum Thema „loslassen" lernen: Es war noch in den Sommerferien, als Rebekka mit einer Freundin ins Schwimmbad fuhr. Sie wollten sich dort an diesem heißen Sommertag mit einem Freund treffen.

Am späten Nachmittag bekamen wir dann von der Freundin einen Anruf. Völlig aufgelöst bat sie mich, sofort ins Krankenhaus zu kommen. Rebekka hatte einen Badeunfall gehabt und war mit dem Notarztwagen auf dem Weg ins nächste Krankenhaus. Mehr konnte sie mir nicht sagen.

Nachdem ich aufgelegt hatte, rief ich halb wahnsinnig vor Angst meinen Mann an, der im selben Krankenhaus arbeitet. Ich erzählte ihm kurz, was passiert war, und bat ihn, in die Notaufnahme zu kommen. Dann machte ich mich auf den Weg.

In der Notaufnahme warteten die Freundin meiner Tochter, deren Vater und mein Mann schon auf mich. Viel konnte uns Rebekkas Freundin nicht erzählen, aber aus ihrer Schilderung entnahmen wir, dass Rebekka getaucht und danach nicht mehr an die Wasseroberfläche gekommen war. Als ihre Freundin und der Junge, der mit den beiden zusammen war, das bemerkt hatten, waren sie ins Wasser gesprungen, um Rebekka herauszuziehen. Sie schafften es und riefen um Hilfe. Der Bademeister kümmerte sich dann um alles Weitere.

Unsere Tochter selbst war nicht ansprechbar, und dieser Zustand sollte noch einige Tage andauern. Sie wurde auf die Intensivstation der Kinderklinik verlegt, dann wieder zurück auf Normalstation, und wieder zurück auf Intensiv. Erst später erfuhren wir von ihr, was passiert war.

Sie stand mit ihren Freunden am Rand des Schwimmbeckens, als sie einen Mann auf sich zukommen sah. Sie sagte zu mir: „Mama, den Mann habe ich schon einmal auf einer CD-Hülle von Andreas gesehen, der hatte ganz rot leuchtende Augen. Ich hatte Angst und wollte weg, da bin ich einfach untergetaucht. Ich wollte unter Wasser bleiben, bis er weg war." Dann verlor sie unter Wasser das Bewusstsein. Irgendwann sah ihre Freundin, dass sie am Grund des Beckens lag und nicht mehr hochkam. Den Rest wussten wir von der Freundin.

Als sie jetzt immer wieder ohne Bewusstsein war, hatten wir große Angst um sie. Hier im Krankenhaus tat ich dann weitere Schritte zum Loslassen meiner Kinder. Ich musste lernen, Rebekka in Gottes Hände abzugeben, denn nur drei Tage später wurde ich mit dem Verdacht auf einen Bandscheibenvorfall in dieses Krankenhaus eingeliefert und operiert. Nun konnte ich für einige Tage nicht zu meiner Tochter, um ihr beizustehen. Alles, was ich tun konnte, war, für sie zu beten und Gott zu vertrauen.

Freunde kamen, um mir Mut zuzusprechen, und mit diesen Freunden betete ich und rief den Sieg Jesu über meine Tochter aus. Er allein konnte ihr helfen. Voller Angst und Schmerz bat ich Jesus um ein Zeichen, ob sie wieder gesund werden würde. Er gab mir dieses Zeichen in Form einer Perle.

Im Frühjahr hatte ich einen Ring mit einer Perle von meiner Freundin geschenkt bekommen. Dieses Geschenk war für mich etwas ganz Besonderes, und ich trug den Ring fortan täglich, auch als ich mit Andreas und Rebekka in den USA war.

Am Tag unseres Rückflugs – wir saßen schon im Auto auf dem Weg zum Flughafen – schaute ich zufällig auf meinen Ringfinger und erstarrte: Die Perle war weg! Ich war entsetzt und suchte sofort im Wagen nach der Perle. Vielleicht hatte ich sie ja hier im Auto verloren. Doch es war vergebens, ich fand sie nicht, und es war zu spät, um noch einmal umzukehren.

Da musste ich an das Gleichnis von der verlorenen Perle denken. Was sollte das bedeuten? Wollte Gott mir vielleicht damit sagen, dass ich etwas, das mir sehr viel bedeutete, verlieren würde, um es später wiederzubekommen? Ich verwarf diesen Gedanken wieder. *Wahrscheinlich bilde ich mir da nur etwas ein.* Trotzdem ließ mich dieser Gedanke nicht mehr los.

Als ich mich am Flughafen von meiner Freundin verabschiedete, bat ich sie, noch einmal zu Hause nach der Perle zu suchen. Da ich aber nicht wusste, wo ich sie verloren hatte, war die Chance gering, sie wiederzufinden. Meine Freundin suchte nach ihr, doch leider ohne Erfolg, die Perle blieb verschwunden.

Nun lag ich hier im Krankenhaus. Keiner konnte mir sagen, ob Rebekka wieder gesund werden und wie lange ihr Zustand noch so bleiben würde. Da erinnerte ich mich wieder an meine verlorene Perle. Würde ich etwa meine Tochter verlieren? Ich konnte gar nicht mehr klar denken, es war wie in einem Alptraum. Die schrecklichsten Gedanken, Verzweiflung und große Angst um mein Kind erfüllten mich.

„Herr, bitte gib mir ein Zeichen, ob Rebekka wieder gesund werden wird", bat ich ihn verzweifelt. „Wenn sie wieder gesund werden wird, dann lass Ann die verlorene Perle wiederfinden und sie mir zurückschicken." Es war wie ein Hilfeschrei, aber ich wusste tief in mir, dass Gott ihn hörte, und augenblicklich erfüllte mich ein ganz großer Frieden.

Sobald ich irgendwie konnte, machte ich mich auf den Weg und besuchte Rebekka. Manchmal ging es ihr etwas besser, aber wenn ich sie dann das nächste Mal besuchen wollte, war sie wieder auf die Intensivstation verlegt worden. Nach einigen Tagen erklärte uns ihr Arzt, dass man sie in eine andere Klinik verlegen wollte, in der man eher in der Lage war, ihr zu helfen.

Freunde besuchten mich, und gemeinsam mit ihnen ging ich zu Rebekka. Es war so furchtbar für mich, als ich sie dort liegen sah und ihr nicht helfen konnte. Viele unserer Freunde beteten mit für ihre Heilung, doch an ihrem Zustand änderte sich nichts. Es war ein ständiges Auf und Ab.

Eine Woche später wurde ich nach Hause entlassen. Rebekka war noch immer in der Klinik und noch immer nicht stabil. Sie sollte nun in die andere Klinik verlegt werden, und ich musste für drei Wochen in eine Rehabilitationsklinik. Am Abend, bevor ich dorthin fuhr, bekamen wir einen Anruf aus den USA. Meine Freunde waren sehr besorgt und wollten hören, wie es Rebekka und mir ging. Mein Mann hatte sie informiert. Am Ende des Telefonats sagte meine Freundin Ann: „Fast hätte ich es vergessen: Ich habe deine Perle gefunden. Sie ist schon auf dem Weg zu dir."

Sie war in das Gästezimmer gekommen, in dem wir geschlafen hatten, und da lag die Perle direkt vor ihr auf dem Teppich. Es war seltsam, denn in der Zwischenzeit hatten mehrere andere Leute dort übernachtet, und sie hatte auch schon öfters das Zimmer gesaugt. Es war ein dicker Teppich, in dem die Perle eigentlich hätte verschwinden müssen. Ann konnte sich das nicht erklären, ich aber war mir sicher, dass Gott sie genau zum richtigen Zeitpunkt dorthin gelegt hatte. Als ich nachfragte, wann sie denn die Perle gefunden hatte, stellte sich heraus, dass es an dem Tag war, an dem ich Gott um dieses Zeichen gebeten hatte.

Der Zeitpunkt war perfekt, ich konnte am nächsten Tag in Frieden wegfahren, denn ich war mir sicher, dass unsere Tochter wieder gesund werden würde. Das war Gottes Antwort für mich. Er würde sich um Rebekka kümmern, und ich konnte getrost und ruhig sein. Die Perle traf bei uns an dem Tag ein, als ich aus der Rehabilitationsklinik wieder nach Hause kam.

In mein Tagebuch schrieb ich einen Eindruck, den zur gleichen Zeit eine Freundin hatte: „Jesus gibt jetzt Trost und Frieden für dich. Ihn schmerzt diese Situation, er leidet mit euch. Er selber wird jetzt handeln, egal, in welche Klinik Rebekka kommt."

Für mich war das Schlimmste an dieser Situation gewesen, dass ich nicht bei meiner Tochter sein konnte. Als sie in die andere Klinik verlegt wurde, bekam ich die Erlaubnis mitzufahren. Mein Mann und ich fuhren hinter dem Krankenwagen her und blieben bis nach der Aufnahme bei Rebekka. Dann aber mussten wir zurückfahren, da ich noch am gleichen Abend in der Rehaklinik zurückerwartet wurde. Wir mussten von Rebekka Abschied nehmen und sie dort alleine zurücklassen. Beim Abschied klammerte sie sich an mich und bat unter Tränen, sie doch mitzunehmen. Sie wollte nicht allein in der Klinik bleiben. Aber uns blieb keine andere Wahl, wir mussten sie zurücklassen und versprachen ihr, sie sobald wie möglich zu besuchen. Zunächst würde mein Mann sie allein besuchen, aber später, wenn ich wieder zu Hause war, würde ich dann auch zu Besuch kommen.

Noch Tage später verfolgte mich der traurige und verweinte Blick meines Kindes, mit dem es uns nachblickte.

Die Rückfahrt verlief schweigend. Weder mein Mann noch ich konnten irgendetwas sagen. Ein dicker Kloß saß in meiner Kehle, und ich weinte leise vor mich hin. War es Verrat an meinem Kind, es dort alleine zurückzulassen? Doch was hätten wir tun sollen? Keiner von uns hatte eine Antwort, aber wir waren uns sicher, dass man ihr dort helfen konnte und sie bald wieder gesund bei uns zu Hause sein würde. Außerdem wussten wir, dass Gott auf sie aufpassen würde. Er war immer bei ihr und würde sie nicht alleinlassen.

Später, als sie wieder zu Hause war, machte sie vor allem mir bitterste Vorwürfe, dass wir sie alleingelassen hatten. Doch ich wusste – wir hatten als Eltern keine andere Wahl gehabt. Auch heute noch denke ich, dass es trotz allem die richtige Entscheidung war.

Erst viel später war sie bereit, diese Situation in Ruhe mit mir zu besprechen, und ich konnte ihr auch erzählen, wie schwer das alles für mich gewesen war.

Bis Rebekka vollkommen wiederhergestellt war, vergingen zwar noch fast drei Monate, aber Weihnachten konnten wir zusammen mit ihr zu Hause feiern.

Irgendwo hatte ich einmal die folgenden Worte gelesen und in mein Tagebuch geschrieben: „Wenn wir Gott vertrauen, wird er für uns tun, was wir selber nicht tun können. Nur er hat die Macht wiederherzustellen, was für uns verloren scheint, egal, durch wessen Schuld dieser Verlust zustande kam. Ob durch meine Schuld oder die des Feindes."

Meine Kinder kann ich nicht beschützen, aber Gott kann es, und er kann sie auch wiederherstellen. Leider vergaß ich das alles in der folgenden Zeit wieder. Der Alltag zog mich wieder in seinen Bann und legte sich wie ein dichter Nebel über alles, was geschehen war. Nur manchmal dachte ich noch an die Dinge, die Gott getan hatte. Dann war es, als ob die Sonne für einen Moment in mein Herz strahlen konnte, bevor sich der Nebel des Vergessens wieder über alles legte. Warum vergaß ich Gottes Wohltaten so schnell, und warum konnte ich ihm nicht so vertrauen wie andere? Mein Mann hatte ein unerschütterliches Vertrauen, dass Gott alles zu einem guten Ende bringen würde. Und ich? In meinem Kopf wusste ich das alles, aber ich konnte es oft einfach nicht glauben.

Doch die Erfahrungen, die ich mit den Kindern und mit Gott gemacht hatte, waren nicht auf immer verloren. Sie waren nur in meinem Innern verschollen. Am Anfang meines Glaubenslebens hatte ich viele Bibelstellen auswendig gelernt und sie in Abständen wiederholt. Auch Verse und ganze Psalmen, die ich im Konfirmandenunterricht auswendig gelernt hatte, waren noch in meinem Gedächtnis. Das waren auch die Verse, an die ich mich in Zeiten der Not und Anfechtung erinnerte, und die mir Mut machten, nicht aufzugeben. Ich merkte, wie gut es war, sie mir wieder ins Gedächtnis zurückzurufen und meine Gedanken mit dem Wort Gottes zu füllen. Solange ich sie vor Augen hatte, wusste ich, dass Gott größer als meine Probleme war. Dann konnte ich, so wie einst Petrus auf dem Wasser, auf den Wellen der Sorgen und Nöte gehen, weil ich wusste, dass Jesus bei mir war, mir seine Hände zur Rettung entgegenstreckte und für meine Familie sorgte.

Irgendwann hörte ich auf, neue Verse auswendig zu lernen. Ich las zwar weiter in meiner Bibel, vergaß aber oft einfach, was Gott dort über bestimmte Dinge sagt, da ich mir nicht mehr die Zeit nahm, mich damit zu beschäftigen. So verschwanden Gottes Worte langsam aus meinen Gedanken, und Angst, Sorgen, Mutlosigkeit, Verletztsein, Zorn und Ärger ergriffen wieder von mir Besitz. An anderen Tagen fühlte ich mich dagegen stark. Dann sagte ich mir: *Warum Gott um Hilfe bitten, wenn du es auch allein schaffen kannst?*

Natürlich hat Gott mir auch einen gesunden Menschenverstand gegeben, um selbst Probleme zu lösen. Wenn ich mich dabei auf seine Zusagen stützen kann, bin ich im Einklang mit ihm und alles geht einfacher, da ich nicht aus meiner Kraft handele, sondern Gott in seiner Kraft das Problem für mich beseitigen lasse oder in seiner Kraft an einer Lösung arbeite.

Trotzdem spürte ich, dass er an mir arbeitete. In mir erwachte ein neues Interesse an der Bibel. Was stand denn dort über unsere Kinder? Was für Verheißungen gab Gott uns als Eltern eigentlich? Was sagte er zum Thema Geld? Es war nicht so, dass ich nichts darüber wusste, aber ich merkte: Ich wusste nicht genug darüber, um im Glauben entspannt zu leben, in der Gewissheit, dass Gott für jedes meiner Probleme eine Antwort und eine Lösung bereithielt.

Plötzlich hatte ich jetzt so viele Fragen. Wenn Jesus sagte: „Ich bin bei euch alle Tage bis an der Welt Ende", dann, so war ich mir sicher, würden in seinem Wort auch alle meine Fragen beantwortet werden.

Es waren viele kleine Mosaikteilchen, die sich nach und nach zu einem Bild zusammenfügten. Es war das Bild meines Lebens, das ich nun zwar noch unvollkommen, aber doch immer deutlicher vor Augen sah. Irgendwann, spätestens im Himmel, da bin ich mir sicher, werde ich das ganze Bild vor mir sehen und staunen, was Gott in meinem Leben getan hat. Dann werde ich auch verstehen, warum ich durch so manche dunklen Zeiten gehen musste.

8. Alte Träume

Gott hatte bei Matthias angefangen mir beizubringen, ihm zu vertrauen, meinen Part zu tun und alles andere ihm zu überlassen. Bei den Problemen, die wir dann mit Andreas hatten, handelte Gott sichtbar; er bewahrte unseren zweiten Sohn vor dem Schlimmsten, als Andreas sein Leben wegwerfen wollte, und schenkte ihm mit der Lehrstelle einen neuen Anfang und Stabilität. Aber jetzt bei Marc zeigte sich, dass ich vieles immer noch nicht gelernt hatte. Ich konnte einfach nicht verstehen, warum mein Mann es schaffte, entspannt im Vertrauen auf Gott in den Tag hinein zu leben, während ich mich abmühte und immer wieder in meinen Sorgen versank. Was war bloß los mit mir? *Warum beziehe ich alles auf mich, nehme alles persönlich und fühle mich abgelehnt, warum bin ich so verletzbar?*, fragte ich mich.

Es war, als ob tief in mir eine Wurzel wäre, die bei jeder passenden Gelegenheit anfing auszuschlagen. Wenn ich dann nicht aufpasste, begann sie mich zu überwuchern und erstickte alles Leben in mir. Aber woher kam sie? Immer sehnlicher wünschte ich mir, die Ursache für mein Verhalten und meine Gefühle herauszufinden.

Ja, ich hatte Gott die Erlaubnis erteilt, an mir zu arbeiten, aber ich war nicht darauf gefasst, dass es so wehtun würde. Am liebsten wäre es mir wahrscheinlich gewesen, wenn er es einfach so über Nacht gemacht hätte. Abends im Bett hätte ich dann noch einmal um Veränderung gebetet, und am anderen Morgen wäre ich fröhlich und verändert wieder aufgewacht. Nun machte er es einfach so, wie er es für richtig hielt, und das sah anders aus, als ich es mir erträumt hatte.

Durch die Pubertät meiner Kinder und ihren Drang nach Unabhängigkeit zeigte er mir, dass ich ohne ihn nichts tun kann. Ich sollte mich auf Gott verlassen und dabei erfahren, dass er vertrauenswürdig und nicht unberechenbar war, im Gegensatz zu meinem Vater. Ohne Gott – das sah ich ein – hatte ich noch nicht einmal die Weisheit, meinen Kindern gute Ratschläge zu geben. Am Anfang dachte ich noch, dass ich es schaffen könnte, alles richtig zu machen. Wie naiv ich doch war!

In dieser Zeit erkannte ich auch, dass meine Kinder zwar meine Erziehung, meine Ratschläge und meine Einstellung anscheinend ablehnten, aber nicht mich selbst.

Erst als Andreas und unsere Tochter Rebekka mir eines Tages geradewegs ins Gesicht gesagt hatten, welche Fehler ich ihrer Meinung nach gemacht hatte, begann ich zu begreifen: Ich konnte hier gar nichts mehr tun, außer für meine Kinder zu beten. Die ganzen Jahre hatte ich die Vorstellung gehabt, dass ich trotz kleiner Fehler doch einen richtigen Weg in der Kindererziehung ging. Erst jetzt erkannte ich, dass ich mehr Fehler gemacht hatte, als ich mir eingestand, und als ich sie nun aufs Butterbrot geschmiert bekam, zerbrach ich fast daran.

Es war aber gut, mit der Wahrheit konfrontiert zu werden, und ich wusste, dass es Zeit war, mich auch mit der Wahrheit über mich auseinanderzusetzen. Der Prozess der Veränderung ging weiter, bekam eine neue Tiefe, und er war sehr schmerzhaft.

Ich spürte, dass Gott die Geschichte mit Marc jetzt dazu benutzte, um mich wachzurütteln. Gott hatte mich in die Enge getrieben, und es gab für mich nur noch einen Ausweg: Die Flucht nach vorn!

Noch immer zuckte ich zusammen, wenn das Telefon klingelte, und bekam Herzklopfen, wenn ein Mercedes an unserem Haus vorbeifuhr. Briefe mit unbekanntem Absender lösten noch immer Übelkeit bei mir aus, und am liebsten hätte ich sie ungeöffnet in den Mülleimer geworfen. Oft fragte ich mich: *Wann hat das alles bloß ein Ende?*

Ich weinte sehr viel, meine Augen waren geschwollen und hatten einen dauerroten Ton angenommen. Von vielen Bekannten hatte ich mich zurückgezogen, da ich nicht ständig auf Marc angesprochen werden wollte. Auf der einen Seite wollte ich mit niemandem über die ganze Sache reden. Auf der anderen Seite hätte ich mich aber paradoxerweise über mehr Anteilnahme vor allem aus unserer Gemeinde gefreut. Das Schweigen vieler meiner Geschwister im Glauben tat mir weh. Es gab kaum einen Menschen, der es mir recht machen konnte.

Ich zwang mich, weiter in unseren Hauskreis zu gehen, und es tat mir gut, die Gemeinschaft mit diesen lieben Leuten zu haben. Hier wurde weiter für unsere Situation gebetet, und einige Freunde erwiesen sich auch weiterhin als große Stütze für uns. Trotz allem aber fühlte ich mich sehr allein. Mein Mann empfand das nicht so tragisch wie ich.

Nachdem wir einige sehr hohe Schadensersatzforderungen bezahlt hatten, war das Guthaben auf unserem Bankkonto auf ein Minimum zusammengeschmolzen.

Zusätzlich hatten wir beschlossen, dass Marc in den Osterferien mit einer Schülergruppe nach England zu einem Sprachkurs fahren sollte. Das riss ein weiteres Loch in unseren Geldbeutel.

Nachdem wir die Nachricht aus der Schule erhalten hatten, dass Marc das Schuljahr nicht freiwillig wiederholen durfte, hatte uns seine Englischlehrerin den Rat gegeben, ihn doch auf diese Feriensprachschule zu schicken. Vielleicht konnte er so einiges an Lehrstoff nachholen und das Schuljahr doch noch schaffen.

Wir dachten aber auch, dass es ihm guttun würde, aus seinen vier Wänden herauszukommen und neue Leute kennenzulernen. Einfach ein paar Wochen raus, weg von dem ganzen Schlamassel, von seiner Familie und der vertrauten Umgebung. Dort konnte er in Ruhe lernen und sich auch ein bisschen von den vergangenen Wochen erholen. Wir waren überzeugt, dass es Marc gefallen würde. Zuerst war er noch ein wenig skeptisch, doch dann freute er sich auf diese Zeit.

Aber auch mein Entschluss stand fest: Ich wollte mich nicht mehr von den Ereignissen, die uns getroffen hatten, gefangen nehmen lassen. Ich war fest entschlossen herauszufinden, woher die Wurzel der Verletztheit und Ablehnung, aber auch der Angst vor Menschen in meinem Leben kam. Ich wollte mich nicht länger davon beeinflussen lassen. Zu lange schon war ich in diesen Gefühlen gefangen.

So machte ich mich also erneut auf die Suche nach einem Psychologen. Zusammen mit meinem Mann entschied ich mich nach langem Überlegen für eine Frau aus unserer Gemeinde, die früher im Help Center gearbeitet hatte. Noch einmal wollte ich probieren, mich zu öffnen. Mittlerweile war es mir auch egal, ob ich diese psychologische Beratung privat bezahlen musste oder nicht. Irgendwie würden wir das auch schaffen. Wir hatten mit Gottes Hilfe schon so vieles bezahlen können, und wenn er jetzt wollte, dass ich an meinem Leben und meiner Vergangenheit arbeitete, dann würde Gott uns auch dazu die finanziellen Mittel geben.

Ich wollte Hilfe und war mir sicher, dass die Zeit reif war, um zu beginnen. Es kam für mich nur noch eine Richtung in Frage: Ich wollte vorwärts, und dazu musste die Vergangenheit bearbeitet werden.

Die erste Fahrt zur Praxis der psychologischen Beraterin dauerte nicht so lange, wie ich gedacht hatte, und so hielt ich am Ortseingang noch einmal kurz an. Ich war ziemlich aufgeregt und wollte diese wenigen Minuten dazu nutzen, noch ein bisschen zur Ruhe zu kommen.

Ich blickte ins Tal hinunter, und ein wunderbarer Friede durchströmte mich. Dann sagte mir ein Blick auf die Uhr, dass ich mich jetzt beeilen musste, damit ich nicht zu spät kam. Ich drehte den Zündschlüssel um und fuhr hinunter ins Dorf.

Ute erwartete mich schon und begrüßte mich fröhlich, das nahm mir die restliche Unsicherheit, als sie mich in ihr Gesprächszimmer bat.

Es war ein gemütlich eingerichteter Raum, der mich an ein nettes Wohnzimmer erinnerte. Ich ließ mich auf der Couch ihr gegenüber nieder, und Ute bot mir etwas zu trinken an. Ja, ich hatte Durst und es würde bestimmt guttun, hin und wieder einen Schluck Wasser zu mir zu nehmen. Dankend nahm ich an.

Ein bisschen mulmig war mir schon zumute, als ich nun da saß. Ute kannte mich, und einer der ersten Gedanken, der mir durch den Kopf ging, war: *Was wird sie von dir denken, wenn sie alles über dich und deine Familie erfährt?*

Fester als je zuvor jedoch war ich entschlossen, nicht mehr auf solche Gedanken zu hören. Es war sowieso zu spät für einen Rückzug; ich würde jetzt vorwärtsgehen und mit Gottes Hilfe in diesem Kampf siegen.

Ich begann Ute zu erzählen: Von unserer momentanen Situation, von Marc, Andreas und Matthias, aber auch von Rebekka und David. Ich erzählte ihr, ich hätte schon seit längerem bemerkt, dass etwas mit mir nicht stimmte, und dass ich so verletzlich sei. Durch die Schwierigkeiten mit unseren Kindern wurde diese Verletzlichkeit noch verstärkt. „Ich habe jetzt die Nase voll von diesem Verletztsein, ich möchte der ganzen Sache auf den Grund gehen und herausfinden, was die Wurzel dafür ist. So kann es einfach nicht weitergehen, dieser Zustand belastet nicht nur mich, sondern auch meine ganze Familie. Die Kinder mögen mir schon kaum noch etwas sagen, da sie merken, dass mich vieles verletzt. Dabei meinen sie es gar nicht verletzend. Ich glaube, dass die Zeit reif ist und Gott mir die Ursachen aufdecken wird. Dazu brauche ich aber Hilfe, das kann ich nicht allein schaffen, darum bin ich hier", erklärte ich Ute.

Sie machte sich Notizen, während ich sprach, und je länger ich erzählte, desto mehr kam ans Tageslicht. Von dieser Frau wurde ich ernst genommen, und ich fühlte mich immer freier, mich zu öffnen.

Nachdem ich alles über unsere Kinder erzählt hatte, wollte Ute mehr über mein Leben wissen, angefangen von meiner Kindheit bis zum heutigen Tag. Sie gab mir viel Zeit, und ich erzählte und erzählte. Am Ende angekommen, war ich ein ganzes Stück erleichtert. Warum hatte ich eigentlich so viel Angst davor gehabt, zu einem Gespräch zu gehen? Bis jetzt hatte es doch ganz gut geklappt. Ich fühlte mich ein ganzes Stück freier, so als ob Licht und Luft in einen lange nicht mehr benutzten und verstaubten Raum gelassen wurden.

Nach fast zwei Stunden, als wir langsam zum Ende kamen, beteten wir noch zusammen. Dabei hörte ich innerlich, wie Gott mir ganz sanft ins Herz flüsterte – es waren Worte aus dem Buch des Propheten Jesaja: „Ich habe dich je und je geliebt, darum habe ich dich zu mir gezogen. Das Alte ist vergangen und etwas Neues wächst jetzt heran." Dabei sah ich in Gedanken ein Bild vor Augen:

Es war eine Samenkapsel, die aufplatzte; aus ihr wuchs eine Pflanze mit rasanter Geschwindigkeit in den Himmel, dem Licht entgegen. Sie wuchs nicht, um mich zu erdrücken, sondern sie erhob sich befreit hinauf in den Himmel zum Licht, um ihre Frucht zu bringen.

Mit der Gewissheit, dass an diesem Tag ein neues Kapitel in meinem Leben begonnen hatte, fuhr ich nach Hause. In vier Wochen sollte der nächste Termin sein.

In der letzten Zeit hatte ich mich wöchentlich wegen Marcs Strafsache bei der Staatsanwaltschaft gemeldet, nach den Akten gefragt und von der Sekretärin jedes Mal die gleiche Antwort erhalten: „Einen Moment, Frau Kern, ich schaue mal nach, ob inzwischen etwas eingetroffen ist ... Es tut mir leid, Frau Kern, die Akten sind leider noch nicht eingegangen. Probieren Sie es doch nächste Woche noch einmal, vielleicht haben Sie dann etwas mehr Glück."

Endlich ging es auch hier weiter; die Akten lagen nun dem zuständigen Staatsanwalt vor.

Es war mir ein Anliegen, mit dem Staatsanwalt zu reden, noch bevor die ganze Angelegenheit beim Jugendrichter landete. Er sollte mehr über unseren Sohn wissen, wie er war und was er vorher gemacht hatte. Er sollte auch wissen, dass es Marc leidtat, und wie es ihm im Moment ging. Ich wollte dem Staatsanwalt auch unsere jetzige Familiensituation schildern und ihm dabei erklären, wie es uns und vor allem mir als Mutter damit ging. Dadurch, so hoffte ich, würde er sich vielleicht erweichen lassen und kein so arg hohes Strafmaß beantragen. Außerdem wollte ich von ihm wissen, wie es weitergehen sollte und ob er uns auch noch einmal vorladen würde. Ein Freund hatte mich darin bestärkt: „Meldet euch bei dem zuständigen Staatsanwalt, damit er sich vorweg schon einmal ein Bild von eurer Familie machen kann. Es ist für den Staatsanwalt und den Richter auch wichtig zu sehen, aus was für einem familiären Umfeld der straffällige Jugendliche kommt."

Die Sekretärin kannte mich ja mittlerweile schon, und bei einem erneuten Anruf konnte sie mich endlich mit dem zuständigen Herrn verbinden. Es wurde ein langes Gespräch, und als er mich angehört hatte, war er sehr nachdenklich und bat mich, doch am nächsten Tag noch einmal anzurufen. Er wollte sich bis dahin mit einem Kollegen und dem für den Fall zuständigen Polizeibeamten besprechen, wie weiter vorgegangen werden sollte. Das war für mich auch in Ordnung, denn ich hätte ihm ja viel erzählen können. Er musste bei der Polizei nachforschen, ob sich alles auch wirklich so verhielt, wie ich es ihm erzählt hatte.

Ich begann wieder zu hoffen, dass alles noch ein gutes Ende nehmen würde. Am Abend beteten mein Mann und ich für den Staatsanwalt, dass er uns helfen und für Marc eine gerechte Strafe fordern würde.

Als ich mich dann am nächsten Tag wieder bei ihm meldete, teilte er mir mit, dass er die Akten schon an den Jugendrichter weitergeleitet habe, mit der Bitte um ein vereinfachtes Verfahren. Er hatte sich bei der Polizeidienststelle über uns erkundigt und dabei erfahren, dass wir schon alles Mögliche getan hatten, um den Schaden, den Marc angerichtet hatte, wiedergutzumachen. Auch wusste er nun, dass ich die Wahrheit gesagt hatte.

Der Polizist hatte ihm auch bestätigt, dass Marc geständig war und sich bei den Opfern entschuldigt hatte. Außerdem war unser mittlerer Sohn bis dahin noch nicht den Behörden aufgefallen. Es war das erste und hoffentlich auch letzte Mal, dass er straffällig geworden war.

Der Staatsanwalt hatte sich mit seinem Kollegen über den Fall und seine Vorgehensweise beraten. Den Termin für die Gerichtsverhandlung würde man uns zusenden, er selbst, der Staatsanwalt, würde nicht dabei sein, habe aber seinen Antrag für das Strafmaß dem Jugendrichter schon mitgeteilt.

Uns fiel ein Stein vom Herzen. Zum ersten Mal seit langem schien wieder etwas Ruhe in unser Leben einzukehren, und ich entspannte mich zusehends.

Ich fühlte mich wie im Auge eines Wirbelsturmes. In mir war es jetzt ruhig, während es außen um mich herum noch stürmte und die Fetzen flogen. Hoffnung breitete sich in mir aus, und ich dachte daran, dass uns als Christen doch alle Dinge zum Besten dienen sollten, wie es im Römerbrief heißt: „Wir wissen aber, dass denen, die Gott lieben, alle Dinge zum Besten dienen, denen, die nach seinem Ratschluss berufen sind" (Kapitel 8,28). Zwar konnte ich mir noch nicht vorstellen, was aus dieser Situation Gutes kommen sollte, aber ich begann wieder, Gott zu vertrauen, dass er alles zum Guten wenden würde. Da ich hier rein gar nichts tun konnte, um die Situation zu verändern, war ich gezwungen, einfach abzuwarten und zu vertrauen.

Während jetzt langsam Ruhe in mein Leben kam, spürte ich trotzdem, dass da immer noch etwas tief in mir rumorte. Es war etwas, was wie ein Fremdkörper in mir wirkte, wie eine verschlossene Kiste, auf die ich blickte und die ich nicht öffnen konnte, um herauszufinden, was darin war. Die Kiste strahlte etwas Angsteinflößendes aus, und je mehr ich darüber nachdachte, desto mehr hatte ich das Empfinden, dass ich in dieser Kiste den Schlüssel für meine Verletzbarkeit und mein Gefühl des Abgelehntwerdens finden würde. Bei meinem nächsten Beratungstermin wollte ich Ute darauf ansprechen, das nahm ich mir fest vor. Aber wie um Himmels willen sollte ich ihr das mit der Kiste erklären? Würde mich Ute nicht für vollkommen übergeschnappt halten? Trotzdem wollte ich das

Wagnis eingehen und sie darauf ansprechen, auch wenn ich mir noch so blöd vorkam.

Vor unserm nächsten Gespräch hatten wir an einem Wochenende in unserer Gemeinde eine Veranstaltung, zu der ich leider aus Zeitgründen nicht gehen konnte. Die Referentin sollte während des Gottesdienstes am Sonntag auch die Predigt halten. Dort würde ich sie hören.

Vor Jahren hatte ich ihre Biografie gelesen und versucht, mit ihr in Kontakt zu kommen. Damals schon hatte ich das Empfinden, dass sie mir in meinen inneren Nöten helfen könnte. Leider war es dann nur zu einem kurzen Telefongespräch mit ihr gekommen. Heute weiß ich, dass damals die Zeit für mich sicher noch nicht reif dafür war, meine Probleme anzugehen. Ich hätte es noch gar nicht verkraften können, bestimmte Dinge zu bearbeiten.

Während der Predigt hörte ich dieser Referentin jetzt wie gebannt zu, denn mir schien es, als ob sie gerade in meine heutige Situation hineinsprach. Nach dem Gottesdienst, so nahm ich mir vor, würde ich sie ansprechen. Ich hatte viele Fragen, und ich wollte Antworten.

Als ich dann vor ihr stand und um ein Gespräch bat, wies sie mich ab. Sie bat mich, zu ihrem Gebetsteam zu gehen und dort für mich beten zu lassen. Ich war zwar enttäuscht, dachte aber, dass Gebet ja nie schaden könnte, und dass Gott mir auch durch ihr Gebetsteam helfen könnte. Wenn Gott jemandem helfen wollte, dann konnte er dazu benutzen, wen er wollte.

So ging ich zu einer der Frauen und versuchte, in wenigen Worten mein Anliegen vorzubringen. Sie holte noch eine andere Frau dazu und begann für mich zu beten. Ich betete leise mit. Dabei sah ich plötzlich innerlich ein Bild vor mir: Ich sah mich in einem großen Raum stehen und in mir war eine große Kiste. Da war sie also wieder, die Kiste, meine Blackbox. Sie sah aus wie eine Schatzkiste, war aber verschlossen. Um diese Kiste herum lag wie zu ihrem Schutz eine große Schlange. So schnell wie dieses Bild gekommen war, so schnell war es auch wieder weg.

Verdutzt öffnete ich die Augen und schaute die beiden Frauen an. Auch sie schauten mich an. Die eine sagte zu mir: „Als ich für dich betete, hatte ich plötzlich das Empfinden, dass es noch etwas in deinem Leben gibt, was ganz versteckt in dir schlummert, wie in einem Kasten. Kannst du damit etwas anfangen?" Die andere Frau hatte das Gleiche empfunden.

Das war für mich die Bestätigung, dass es in meinem Leben irgendetwas gab, was noch nicht aufgedeckt war. Dieses Etwas war bestimmt auch der Grund, warum ich immer so verletzt reagierte und mich abgelehnt fühlte.

„Hast du schon mal eine Lebensbereinigung gemacht?", fragte mich eine der beiden.

Vieles, was in meinem Leben gewesen war, hatte ich schon in der Seelsorge aufgearbeitet. Immer, wenn etwas aus meiner Vergangenheit in mir hochkam, hatte ich es sofort bearbeitet, indem ich es in der Seelsorge bekannte. Ich hatte Gott und, wo es nötig war, Menschen um Vergebung gebeten. Eine komplette Lebensbereinigung aber hatte ich noch nicht gemacht, und um ehrlich zu sein, wusste ich auch gar nicht so recht, was damit gemeint war. Fragen wollte ich aber auch nicht danach, ich kam mir dabei ein bisschen dumm vor, und so entgegnete ich einfach: „Nein, ich bin aber dabei, in der Seelsorge Dinge aus meiner Vergangenheit aufzuarbeiten. Ich kann das Thema Lebensbereinigung bei meinem nächsten Termin einmal ansprechen."

Ich fühlte intuitiv, wie ich innerlich an Stärke gewann, und wusste, dass ich den anstehenden Kampf um Heilung mit Gottes Hilfe gewinnen würde. Gott war dabei, einiges in meinem Leben aufzudecken, und er würde mir auch helfen, alles zu verarbeiten. Ich war mir sicher, alles würde gut werden, denn Gott war gut und er wollte nur das Beste für mich. Wie hatte ich doch einmal gelesen: „Prüfungen sind Gottes Weg zum Sieg."

In mein Tagebuch hatte ich einmal einen Satz geschrieben, der in meiner jetzigen Situation wieder an Bedeutung gewann: „Beschäftige dich mit Jesus, seiner Erlösung, seinem Sieg, und er wird dich herausheben aus der finsteren Grube, in der du sitzt, und dich in seine Arme nehmen und an sein Herz drücken."

Als ich bald darauf wieder vor Ute saß und sie wegen einer Lebensbereinigung fragte, sagte sie: „Das ist ja interessant, genau den gleichen Eindruck hatte ich auch und wollte dich heute darauf ansprechen." Ich ließ mir erst einmal von ihr erklären, was mit Lebensbereinigung gemeint war: Mein ganzes Leben, vom Tag der Empfängnis bis zum heutigen Tag, würde noch einmal vor meinen Augen aufgerollt werden. Ich würde mein ganzes Leben noch einmal durchgehen. Dazu brauchte ich aber auch Informationen von meiner Mutter über Schwangerschaft, Geburt und meine ersten Lebensjahre, an die ich mich nicht erinnern konnte. Vielleicht gab es ja Ereignisse am Anfang meines Lebens, an die ich mich zwar nicht erinnern konnte, die aber einen Einfluss auf mich gehabt hatten. Man weiß ja heute, wie bestimmte Ereignisse in der Schwangerschaft oder in den frühen Kinderjahren später auch Einfluss auf einen Menschen haben.

Ich gab Ute mein Ja zum Start der Lebensbereinigung. Ich konnte ja nicht ahnen, was da alles auf mich zukam, aber ich hatte begonnen und ich würde die ganze Sache mit Gottes Hilfe auch zu einem Ende bringen. Das versprach ich mir selbst.

Ein Traum fiel mir ein, den ich wenige Wochen zuvor gehabt hatte: Ich war zu Hause und noch gar nicht richtig angezogen, als viele Menschen in unser Haus kamen. „Ihr seid jetzt an der Reihe", sagten sie und breiteten sich in unserem Haus aus. Ich versuchte mich anzuziehen und wollte ihnen sagen, dass sie wieder verschwinden sollten.

Ich wollte nicht, dass sie in alle Zimmer gingen. Ich lief in ein Zimmer, es war das Schlafzimmer. Als ich mich dort umsah, merkte ich, dass es das Schlafzimmer meiner Eltern war, und auch da waren diese Menschen. „Ich möchte, dass ihr geht. Das hier ist meine Intimsphäre, und ihr habt hier nichts zu suchen. Verschwindet, los, haut ab!", schrie ich die Leute verzweifelt an. Sie lachten mich aber nur aus. Ich geriet in Panik. Wie konnte ich diese Menschen nur loswerden?

Das Schlafzimmer war total unordentlich und ich versuchte, Ordnung in dieses Chaos zu bringen. Es war mir furchtbar peinlich. Als ich die Matratzen des Bettes hob, war auch dort viel Schmutz, Staub und Unordnung. Die

Leute sagten zu mir, dass ich mich nicht so anstellen solle. Ich gab aber nicht auf, und nach einem langen Kampf konnte ich die Menschen aus dem Haus vertreiben.

Der Traum stand mir ganz deutlich vor Augen und ließ mich nicht mehr los. Er musste mit meinem Leben zu tun haben, und als er mir jetzt wieder einfiel, wusste ich, dass Gott angefangen hatte, in meinem Leben etwas aufzudecken, um wieder Ordnung und Heilung hineinzubringen. Er würde mir helfen, alles, was nicht in mein Leben gehörte, zu vertreiben.

Ute begann zusammen mit mir mein Leben vom Moment der Empfängnis her aufzuarbeiten.

Mit meiner Mutter versuchte ich ins Gespräch zu kommen, damit sie mir über die Zeit der Schwangerschaft, über meine Geburt und meine ersten Lebensjahre berichten konnte. Meinen Vater konnte ich nicht mehr fragen, da er ja schon kurz nach meiner Hochzeit gestorben war.

Am Anfang erzählte meine Mutter nur wenig und gab mir zu verstehen, dass sie nicht über die Vergangenheit reden wollte, da sie das alles zu sehr aufrege. Ich verstand sie nicht. Warum regte sie ein Blick in die Vergangenheit auf? Nach und nach aber öffnete sie sich und erzählte über ihre Ehe mit meinem Vater, über ihre Schwangerschaften und die Geburten, und es kam dann immer mehr an die Oberfläche.

Erinnerungsfetzen aus meiner frühen Kindheit, die sich bei mir wieder einstellten, rundeten das Bild ab. Es kamen die Erinnerungen an schmerzhafte Begebenheiten und tiefe Verletzungen zurück. Während eines Gebetes hatte ich wieder ein Bild vor meinem inneren Auge: Ich stand in einem dichten Dornengestrüpp und suchte nach einem Ausweg. Da kam von oben eine Hand und teilte die Dornen, damit ich weitergehen konnte.

Wollte Gott mir damit deutlich machen, dass er die Dornen, die mich verletzt hatten, entfernen würde? Ich fühlte es, das waren Dornen aus meiner Kindheit, die sich wie ein Gestrüpp um mich herumgelegt hatten und mich keinen Weg mehr finden ließen. Sie waren es, die mich in meine Gefühle der Ablehnung und Verletzung eingemauert hatten. Die Dornen hatten sich tief in meine Seele hineingebohrt und hielten mich nun wie mit eisernen Klauen fest.

Ich erinnerte mich auch wieder an die Alpträume aus meiner Kindheit: Der Traum, in dem mich ein Mann verfolgte. Ich wollte weglaufen, ich lief und lief, er kam immer näher, aber ich kam einfach nicht vom Fleck. Als der Mann dann nach mir griff, wachte ich schweißgebadet auf. Dann erfüllte mich immer Panik.

In einem anderen Traum, der auch immer wiederkehrte, sah ich mich auf einer Mauer laufen. Aber außer der Mauer gab es nichts. Sie schien irgendwo in der Luft zu schweben, und ich hatte Angst hinunterzufallen. Niemand war zu sehen, ich lief vorsichtig wie in Nebel eingehüllt auf dieser Mauer entlang und wusste nicht wohin. Niemand war da, der mir half. Angst und Panik erfassten mich, im Hintergrund hörte ich meine Mutter lachen. Anscheinend sah sie mich, aber ich konnte sie nirgends entdecken. Warum kam sie mir nicht entgegen, um mir zu helfen? Sie sah doch, in welcher Not ich war.

Verzweifelt wurde mir im Traum klar, dass mir niemand

helfen würde, von dieser Mauer herunterzukommen und den Weg zu finden. Ich war allein, entsetzlich allein, ohne Hilfe und ohne Hoffnung, dass sich meine furchtbare Lage ändern würde. Weinend wachte ich dann immer auf, mit dem Gefühl, in ein unendlich tiefes Loch zu fallen.

Von klein auf hatte ich dieses Gefühl in mir gehabt, abgelehnt, allein und ohne Hilfe zu sein, obwohl meine Eltern doch da waren. Immer hatte ich das Gefühl gehabt, dass es niemanden in meiner Familie gab, der mich liebte. Mein großer Bruder war der Liebling meiner Oma, die bei uns im Haus wohnte. Mein kleiner Bruder dagegen war Vaters auserkorener Favorit. Wo aber blieb ich? Ich wusste nicht, warum ich es tat, aber ich versuchte mir als Kind selbst Hilfe zu schaffen, indem ich begann, von einem anderen Leben zu träumen und mich in diesen Träumen zu bewegen, ja in ihnen zu leben.

Auch von meinen Freunden wurde ich zum Teil abgelehnt. Ich erinnere mich daran, dass mich einige Freundinnen eines Tages verfolgten. Um was es ging, weiß ich heute nicht mehr, aber ich hatte Todesangst. Damals lief ich zu meinem Onkel und suchte dort Hilfe vor meinen Verfolgerinnen.

Diese Begebenheit hatte ich schon fast vergessen, bis mich im letzten Jahr eine dieser damaligen Freundinnen anrief und mich auf die Sache ansprach. Sie hatte in der Nacht zuvor einen Alptraum gehabt, der sie an die alte Begebenheit erinnert hatte. Das lag ihr nun auf der Seele, und sie wollte es in Ordnung bringen. „Wir waren ganz schön fies zu dir", sagte sie am Telefon.

Schon früh in meiner Kindheit hatte ich mich regelrecht in meine Traumwelt eingemauert. In dieser Traumwelt gab es nichts Böses und nichts, was mir Schaden zufügen konnte. Ich lebte darin, und sie war real für mich. Es war wie eine Märchenwelt, in der immer das Gute siegt.

Anerkennung, Lob und die Liebe meiner Eltern versuchte ich mir durch Leistung zu erkaufen. Ich tat, was man von mir verlangte, und bekam Lob und Anerkennung. Als ich noch klein war, schien das auch zu funktionieren, doch als ich älter wurde, war ich, so schien es für mich, oft eine Enttäuschung für meine Eltern. Ich versuchte so zu sein, dass alle zufrieden mit mir waren, aber es gelang mir immer weniger. Nur in meiner Traumwelt konnte ich so sein, wie ich war, und alles war immer gut.

Ich weiß nicht mehr, ab wann sich das Gefühl einstellte, benutzt zu werden und schmutzig zu sein, wie auch das Gefühl, dass andere mich ablehnten und ich ihren Anforderungen nicht gerecht werden konnte. Auch das Gefühl, gar nicht in diese Familie zu gehören – oder war es vielleicht ein Wunsch tief in mir, der meiner Traumwelt entsprang? Irgendwann waren diese Gefühle einfach da, und ich reagierte in meinem Leben auf sie.

Ich erinnere mich noch gut an den Tag, ich war etwa zehn Jahre alt und es waren Ferien. Mein älterer Bruder hatte einen Ferienjob in der Molkerei unseres Dorfes. Eines Tages kam sein Chef zu uns nach Hause, um mit meinen Eltern zu sprechen. Ich war in einem anderen Zimmer, bekam aber einzelne Gesprächsfetzen mit. Plötzlich wurde ich hellhörig, sie sprachen über mich: „Ach", sagte der Chef, „das ist Ihre Tochter. Ich dachte eigentlich immer, dass das Mädchen gar nicht Ihr eigenes Kind sei, sondern dass sie von Ihnen adoptiert worden sei. Sie ist so anders als ihr Bruder."

Bin ich am Ende gar nicht das Kind meiner Eltern? Vielleicht gehöre ich ganz woandershin, und meine Gefühle haben mir das die ganze Zeit versucht mitzuteilen, sagte ich mir. Dann aber dachte ich wieder daran, wie ähnlich ich doch meiner Tante sah. Nein, das konnte nicht sein, ich war ein Kind dieser Familie. Doch ein Körnchen Misstrauen, dass etwas mit mir nicht stimmte, war in mein Herz gesät.

Aber woher kamen diese Gefühle? Was war der Auslöser?

Es gab wohl viele Auslöser, die sich nach und nach summierten. Schon als kleines Kind sah ich den Zorn in den Augen meines Vaters, wenn er mich schlug, und die Worte, die er mir dabei an den Kopf warf, ließen mich mein Leben lang nicht mehr los. Sie drangen tief in meine Seele, wie mit einem Brandeisen eingebrannt: „Du Missgeburt" oder „du Krüppel". Später bezeichnete er mich als Nichtsnutz und sogar als Nutte. Ich verstand das nicht. Warum nannte mich mein Vater so?

Oft schlug er zu oder trat mich, manchmal auch beides. Einmal packte er mich an den Haaren und schlug meinen Kopf immer wieder an die Wand. Schlug er mich in betrunkenem Zustand, so warf sich meine Mutter oft zwischen uns und versuchte mir zu helfen, damit er mir nicht noch mehr antat. Er hatte dann keine Gewalt über sich. Solange ich klein war, hatte ich noch Angst vor ihm, als ich aber älter wurde, verwandelte sich die Angst in puren Hass, ja ich hasste meinen Vater für diese Dinge. Meine Mutter sah ich dann später irgendwo weinend sitzen.

Meist saß sie am Küchentisch, ihren Kopf auf die Arme gelegt, und weinte laut vor sich hin.

Bin ich etwa schuld, dass Mama weint?, fragte ich mich dann immer.

Aber auch meine Mutter sparte nicht mit harten Worten: „Du wirst noch einmal mein Sargnagel sein, du bringst mich noch ins Grab. Was mache ich denn nur noch mit dir, was soll aus dir noch werden? Was bist du doch für ein böses Kind!" Später, als ich älter wurde, sagte sie zu mir: „Hoffentlich bekommst du einmal Kinder, die wie du sind, dann wirst du erleben, wie es mir mit dir ergangen ist."

Es gab aber auch Zeiten, in denen mein Vater meinem großen Bruder und mir gegenüber ganz lieb war. Dann schnitzte er uns aus Zweigen kleine Pfeifen und erzählte wunderbare Geschichten. Er wusste vieles aus der Natur zu berichten und kannte jedes Tier und jeden Vogel mit Namen. Selbst Vogelstimmen konnte er imitieren. War er, wie es damals oft geschah, wegen seines Asthmaleidens in der Kur, so brachte er uns immer Geschenke mit, und ich wusste oft noch nicht einmal, warum er das tat. Meine Mutter schimpfte dann immer und sagte zu ihm, dass er das Geld lieber ihr für den Haushalt geben sollte.

Der Streit, den meine Eltern oft hatten, verunsicherte mich als Kind. Meist ging es um das liebe Geld. Oft war mein Vater betrunken, und dann kam es immer wieder zu Streitereien zwischen meinen Eltern. Von seinem Gehalt gab er meiner Mutter nur einen kleinen Teil für den Haushalt, alles andere verbrauchte er selbst. Sie musste sich mit vielen kleinen Nebenverdiensten Geld dazuverdienen, damit sie uns Kinder versorgen konnte. Sie trug Zeitungen aus, verteilte Werbezettel im Dorf, versah den Küsterdienst in der Kirche, arbeitete in einer Wäscherei. Im Frühjahr nahm sie uns Kinder immer mit in den Wald, um Schlüsselblumen und dann später Maiglöckchen zu suchen. Wir sammelten ganze Wannen voll, die sie dann zu kleinen Sträußchen zusammenband und in der nahe gelegenen Stadt verkaufte. Sie arbeitete bei Bauern des Ortes mit auf dem Feld, und auch da mussten wir Kinder helfen. Während wir mit unserer Mutter auf den Feldern Runkelrüben hackten und vereinzelten oder Kartoffeln ausmachten, saß mein Vater nach der Arbeit stundenlang in der Dorfkneipe und kam abends völlig betrunken nach Hause. Dann brachte er meiner Mutter wie zur Entschuldigung immer irgendein Geschenk mit. Meist war es etwas zu essen. Sie aber wurde besonders ärgerlich, und es war, als ob sie ihm alles vor die Füße werfen wollte. Sie schrien sich furchtbar an, und das Ende vom Lied war meist, dass Mama wieder weinte.

Ich konnte das als Kind nicht verstehen. Papa wollte sich doch nur entschuldigen, sah sie das denn nicht?

Kaum einmal ließ meine Mutter ein gutes Haar an ihm, und nur selten konnte er ihr etwas recht machen. Sie hatte einfach schon zu oft schlechte Erfahrungen mit ihm gemacht, aber das erfuhr ich erst viel später von ihr.

Als ich älter wurde, dachte ich oft in meiner Traumwelt darüber nach, wie es wohl wäre, einfach woanders zu sein. Ich wollte weg von zu Hause; in meinen Träumen war ich es schon lange. *Wenn ich älter bin, kommt ein Mann und nimmt mich einfach mit. So wie ein Prinz im Märchen. Dieser*

Mann wird mich lieben und beschützen, und ich werde endlich glücklich sein, so wie andere Mädchen und Frauen auch. Das Glück lag für mich irgendwo da draußen in der Welt und irgendwann würde ich es finden.

Doch dann wurde ich wieder daran erinnert, was mein Vater damals im Zorn zu mir gesagt hatte: „Du Nutte, so wie du aussiehst, wirst du nie einen Mann bekommen. Schau dich doch einmal an, wer will denn so eine wie dich?"

Wie sehe ich denn aus? Was ist denn so anders an mir? Welcher Makel haftet nur an mir?, begann ich mich zu fragen, konnte aber keine Antwort finden.

Irgendwie schien sich diese Aussage meines Vaters wie ein Fluch über mein Leben zu legen. Später, als Jugendliche, hatte ich zwar auch Freunde wie alle anderen Mädchen auch, aber keiner schien wirklich an mir als Person interessiert zu sein. Keiner fragte, was ich fühlte und dachte. Auch hatte mir bis dahin nie jemand den Unterschied zwischen Liebe und Sex erklärt, und so hatte ich die irrige Vorstellung, dass Liebe und Sex ein und dieselbe Sache seien. Erst später, als ich Christin wurde, begriff ich, dass man damals meinen Körper wollte und nicht ich selbst gemeint war.

Ich wollte aber doch geliebt werden. Gab es auf der Welt niemanden, der mich einfach so, wie ich war, liebte? Hatte mein Vater am Ende doch recht mit seinen Worten?

Als ich achtzehn war – damals war ich schon zum Glauben gekommen –, trat ein Mann in mein Leben, den ich über alles liebte. Damals lebte ich schon nicht mehr zu Hause, und als ich ihn kennenlernte, dachte ich nur: *Das ist er, der Mann meiner Träume!*

Er war groß, schlank und sportlich. Er sah gut aus und war Offizier der US-Armee. Auch er war Christ, und ich dachte, dass er anders wäre als die anderen Männer, die ich bis dahin gekannt hatte. Ganz langsam entwickelte sich unsere Liebe.

Auf einer Kirmes in meinem Heimatort schoss er mir an einer Schießbude einen kleinen Teddy. Später am Abend tanzten wir dicht an dicht zu langsamer Musik, und als wir uns dann hinsetzten, hielt er ganz heimlich und still unter dem Tisch meine Hand. Jeder, der uns kannte, sagte zu uns: „Ihr seid ein wunderbares Paar."

Eines Tages lud er mich zu dem jährlich stattfindenden Offiziersball ein. Es war wunderschön. Er trug seine Galauniform und ich ein hautenges, rückenfreies langes Abendkleid. Als er mich abholte, brachte er mir ein Sträußchen Orchideen mit. Er schaute mir tief in die Augen und steckte es an meinem Kleid fest. Beim Ball stellte er mich seinen Freunden und Bekannten vor, und nach dem festlichen Dinner wurde getanzt. Hand in Hand schlenderten wir durch den Festsaal. Beim Tanzen hielt er mich fest im Arm, so als ob er mich nie mehr loslassen wollte, und auch bei Tisch legte er seinen Arm um mich. Als er mich dann später nach Hause brachte, küsste er mich zum ersten Mal.

Meine Mutter sagte einmal zu mir: „So, wie der dich anschaut, bist du ihm nicht gleichgültig. Ich wünsche mir, dass er dich bald heiratet, dann hätte ich eine Sorge weniger." Ich verstand nicht, was sie mit „eine Sorge weniger" meinte. Da ich sie nicht danach fragen wollte, vergaß ich diese Bemerkung wieder.

Die Tage, die wir miteinander verbrachten, vergingen so schnell wie ein Traum.

Über unsere Zukunft sagte er aber nicht viel, obwohl ich es mir gewünscht hätte. Freunde dagegen erzählten mir oft, wie viel er über mich sprach, und dass er mich liebte und davon erzählte, mich mit in die Staaten zu nehmen.

Sein Vermieter fragte mich eines Tages, was ich denn tun würde, wenn ich dann mit Warren in den USA leben würde? Was hatte Warren ihm erzählt? Warum redete er nicht mit mir darüber?

Ich wusste es nicht, und dieses Nichtwissen machte mich total fertig. Irgendwie ließ er mich in der Luft hängen. Ich wusste nicht, woran ich war, aber eines Tages kam er zu mir und bat um eine Aussprache: „Wir sind nun schon eine ganze Weile zusammen und unsere Freundschaft ist sehr fest geworden. Ich empfinde für dich mehr als nur Freundschaft, aber irgendetwas ist in unserer Beziehung nicht in Ordnung. Du bist so, wie ich mir meine Frau vorgestellt habe, bei dir kann ich sein, wie ich bin. Du verstehst mich in allem und bist Kumpel und Frau für mich. Wenn ich ohne dich Deutschland verlassen müsste, würde es mir sehr weh tun. Ich möchte, dass wir uns bis dahin entschieden haben, ob wir heiraten oder auseinandergehen. Wenn wir aber heiraten, dann möchte ich mir auch ganz sicher sein, dass du die Richtige für mich bist."

In der Folge hatten wir eine wunderbare Zeit zusammen, und es schien, als ob unsere Liebe immer größer wurde.

Im nächsten Herbst wollte Warren dann in die USA zur

Hochzeit seines Bruders fliegen. Wenn wir uns bis dahin entschieden hatten, dass wir zusammenblieben, dann wollte er mich mitnehmen und seinen Eltern vorstellen.

So kam es, dass er irgendwann aus heiterem Himmel zu mir sagte: „Übrigens müssen wir schon im Juni in die Staaten fahren, mein Bruder heiratet früher."

Sofort war mir klar, was er damit andeutete, und ich fragte ihn: „Willst du mich wirklich mitnehmen?"

„Ja", sagte er, „und ich werde meinen Eltern sagen, dass du die Frau bist, die ich gefragt habe, ob sie mich heiraten will."

Ich schaute ihn groß an und entgegnete: „Aber du hast mich doch gar nicht gefragt, ob ich deine Frau werden will, wann willst du das denn tun?"

Er schwieg eine ganze Weile, dann schaute er mich zärtlich an und fragte mich: „Willst du mich heiraten?"

„Bist du dir da ganz sicher, dass du das auch wirklich so meinst?", fragte ich ihn, und er versicherte mir, dass es sein größter Wunsch sei, mich zu heiraten und sein Leben mit mir zu teilen.

Glücklich und wie auf Wolken schwebend gab ich ihm mein Jawort. Noch am gleichen Abend rief er seine Eltern in den USA an und erzählte ihnen, dass er mich zur Hochzeit seines Bruders im Juni mitbringen würde.

In den darauf folgenden Wochen bereiteten wir die Reise in die USA vor und machten konkrete Pläne für unsere Hochzeit. Zu Hause bei seinen Eltern wollten wir uns verloben, und für das erste Wochenende im Oktober setzten wir den Termin für unsere Hochzeit fest. Diese sollte dann zu Hause in meinem Heimatort stattfinden.

Eine Gästeliste für die Hochzeit wurde geschrieben, wir machten uns Gedanken über unsere Geschenkwünsche, und ich begann mich nach einem Brautkleid umzusehen. Die Zeit verging wie im Traum, und ich war glücklich wie nie zuvor, denn mein Märchentraum würde wahr werden!

Trotz meines Glücks war aber ständig eine warnende Stimme in mir, die immer wieder sagte: „Bist du sicher, dass er dich wirklich liebt? Hoffentlich meint er es auch wirklich ernst." Ich aber befahl der Stimme in mir zu schweigen: „Natürlich liebt er mich und er wird mich heiraten."

Dann hatte ich eines Nachts aus heiterem Himmel einen Traum: Ich sah meinen Freund, wie er vor dem Haus, in dem ich damals wohnte, sein Auto abstellte und die Treppe zum Haus herauflief. Dann hörte ich eine Stimme, die ganz laut sagte: „Er wird kommen und dir sehr wehtun." Als ich aufwachte, war ich schweißgebadet und hatte Angst. In meinen Gebeten bat ich Gott, das nicht zuzulassen.

„Bitte, Herr, nur nicht das. Bitte lass es nicht zu, dass dieser Traum wahr wird. Endlich habe ich einen Menschen, der mich liebt. Bitte nimm ihn mir nicht weg."

Nur wenige Tage nach meinem Traum wurde ich krank. Warren kam zu mir, und ich dachte, er wollte mich einfach nur besuchen kommen, um zu sehen, wie es mir ging, so wie einige Tage zuvor. Dieses Mal aber war es anders. Er kam und beendete unsere Beziehung, einfach so!

Der Mann, der mir so oft versichert hatte, dass er mich liebte und ein ganzes Leben mit mir zusammen sein wollte, kam nun, um mir zu sagen, dass er meinte, es wäre ein großer Fehler, mich zu heiraten. Er saß vor mir und erklärte mir: „Es tut mir leid, aber ich liebe dich nur wie eine Schwester, und nicht mehr. In mir ist eine große Unsicherheit, und ich sehe es als ein Zeichen, dass es nicht Gottes Wille ist, wenn wir heiraten."

Ich wusste nicht, was ich dazu sagen sollte. Ich hatte ihn doch gefragt, ob er sich auch ganz sicher war, und er hatte es mir versichert. Ich saß einfach nur da und konnte nichts sagen, konnte nicht verstehen. Meine Welt zerbrach in tausend Teile, und ich musste ohnmächtig zusehen. Gab es denn nur Enttäuschungen für mich?

Lange saßen wir uns so gegenüber, ohne ein weiteres Wort zu sagen. Dann endlich brach er das Schweigen und sagte: „Bitte sag doch etwas."

„Was soll ich denn dazu sagen? Bitte geh einfach und lass mich alleine." Ich wollte vermeiden, dass er sah, wie ich die Beherrschung verlor und in Tränen ausbrach, und so bat ich ihn noch einmal mit Nachdruck: „Geh einfach."

Er stand auf, ohne ein weiteres Wort zu sagen, und ging. Als ich ihm durch das Wohnzimmerfenster nachsah, sah ich ihn gehen, so wie in meinem Traum. Er ging die Treppe hinunter, stieg in seinen Wagen und fuhr davon.

In diesem Moment löste sich mein Schmerz und ich schrie ihn einfach aus mir heraus. Ich schrie und schrie, bis ich keine Stimme und keine Tränen mehr hatte.

Anscheinend war es wirklich so, wie mir mein Vater prophezeit hatte: Kein Mann wollte mich, auch kein Christ. Warum nur, was hatte ich getan? Was war mit mir los? Warum konnte mich niemand lieben?

Als ich später meinen jetzigen Mann kennenlernte und merkte, dass ich anfing, mich in ihn zu verlieben, bat ich Gott: „Bitte, Herr, nimm dieses Gefühl von mir weg. Ich möchte nicht, dass mir noch einmal ein Mann so wehtut. Ich will das nicht noch einmal erleben."

Doch Gott antwortete meinem verletzten Herzen nur: „Du hast mich doch einmal um einen Mann gebeten, jetzt will ich ihn dir schenken, aber du willst ihn nicht. Was soll das?" Als ich das hörte, gab ich meinen Widerstand auf.

Nur einen Tag später fragte dieser Mann mich, ob ich ihn heiraten wolle, und ich sagte ein zweites Mal in meinem Leben Ja zu einem Heiratsantrag.

Dieses Mal aber war es anders, und mein Mann und ich sind nun schon seit 24 Jahren glücklich verheiratet. Dieses Mal war es der richtige Mann, und er liebt mich so, wie ich bin.

Doch auch bei meinem Mann hatte ich anfangs, wenn er mir versicherte, dass er mich liebte, immer die Frage in meinem Herzen: *Meint er wirklich mich? Kann er mich auch wirklich so lieben, wie ich bin, und verlässt er mich auch nicht wieder?* Ich fragte ihn am Anfang unserer Ehe deshalb oft: „Bist du sicher, dass du bei mir bleibst und mich nicht verlässt? Bist du sicher, dass du mich liebst?"

Mein Mann antwortete dann immer in seiner gewohnt ruhigen Art: „Natürlich liebe ich dich, wen denn sonst? Wenn ich dich nicht lieben würde, hätte ich dich wahrscheinlich nicht geheiratet."

Anfangs fiel es mir schwer, ihm zu glauben, doch in den folgenden Jahren begriff ich: Mein Mann liebt mich und wird mich nicht alleinlassen. Er liebt mich so, wie ich bin.

Das tut so gut, und meine Liebe zu ihm wächst mit jedem Jahr, in dem wir zusammen sind.

Meine zerbrochene Beziehung zu Warren und große Teile der Beziehung zu meinem Vater hatte ich in der Seelsorge vor einigen Jahren aufgearbeitet. Am Ende der Aufarbeitung schenkte Gott mir ein Bild in meinem Herzen:

Ich sah mich wie in einem Film als kleines Kind mit einem weißen Kleid auf einer Wiese laufen. Mein langes Haar flatterte im Wind, ich war glücklich und lachte. Mein himmlischer Vater stand mit ausgebreiteten Armen da und rief mich, zu ihm zu kommen. Voller Freude lief ich in seine Arme, und er fing mich auf, hob mich hoch und drehte sich mit mir im Kreis herum, während ich ihm zujubelte. Es war ein Augenblick voller Frieden, Freude und Harmonie.

Ja, dort war mein Vater im Himmel, der nur Liebe für mich hatte, und dorthin, in seine Arme, wollte er mich wieder bringen.

Jetzt arbeitete Ute weiter mit mir. Viel Schmerzhaftes aus der Vergangenheit kam ans Tageslicht, aber ich merkte langsam, wie es mir leichter ums Herz wurde.

9. Perlen

Mittlerweile war es schon Mai geworden. Der Gerichtstermin für Marc wurde auf den 24. Mai gelegt. Das Jugendamt hatte sich in der Zwischenzeit auch bei uns gemeldet und um ein Gespräch Anfang Mai gebeten.

Ich fuhr alleine mit Marc dorthin. Der Herr von der Jugendgerichtshilfe war sehr freundlich, und so waren Marc und ich ganz entspannt. Er fragte die üblichen Dinge: „Marc, kannst du mir einmal erzählen, warum du die Embleme von den Autos abgemacht hast? ... Was hast du dir dabei gedacht? ... Erzähl mir doch einmal etwas über deine Familie, deine Geschwister, deine Eltern und deine Freunde ... Wie sieht es bei dir in der Schule mit den Leistungen aus?" Auch in Marc war in den vergangenen Monaten eine Veränderung vor sich gegangen. Er war kooperativ und entspannt geworden.

Jetzt gab er bereitwillig Auskunft, und am Ende des Gesprächs erklärte der Sozialarbeiter: „Marc, du wirst wahrscheinlich vom Jugendrichter eine Strafe in Form von gemeinnützigen Arbeitsstunden bekommen, da du ja einsichtig bist und dein Verhalten bedauerst. Gut wäre es natürlich, wenn du diese Arbeitsstunden schon bei einer entsprechenden Einrichtung beginnen würdest. Das würde sich auch auf das Strafmaß positiv auswirken. Du könntest in einem Altenheim, einem Zoo oder im Tierheim arbeiten. Was meinst du, wäre das ein Angebot für dich, schon mal damit zu beginnen?" Er schaute Marc fragend an.

„Ja", entgegnete Marc sichtlich erleichtert, „das wäre nicht schlecht."

Mir kam sofort eine Idee: „Kann Marc diese gemeinnützigen Stunden auch in unserer Kirchengemeinde ableisten?", fragte ich.

Der Sozialarbeiter wollte wissen, zu welcher Gemeinde wir gehörten, und gab dann seine Zustimmung: „Das kann er natürlich auch machen, aber er muss in dieser Zeit unter Aufsicht sein, sodass jemand bestätigen kann, dass er auch tatsächlich gearbeitet hat. Es soll ja schließlich eine Strafe sein. Vielleicht fragen Sie zu Hause erst einmal bei Ihrem Pfarrer nach und vergewissern sich, ob das in diesem Sinne möglich ist. Rufen Sie mich einfach noch einmal an, wenn Sie Bescheid wissen, und dann kann Marc loslegen. Ich gebe Ihnen schon mal die Formulare mit, die Ihre Gemeinde ausfüllen muss."

Froh über diesen positiven Ausgang verabschiedeten wir uns.

Zu Hause setzte ich mich sofort mit unserem Pastor in Verbindung, und auch er hatte nichts dagegen, dass Marc unter Aufsicht in unserer Gemeinde arbeitete. Der Hausmeister würde ihn beaufsichtigen, und auch der Jugendleiter hatte Ideen, wie Marc ihm behilflich sein konnte. Noch in der gleichen Woche begann Marc mit seinen Arbeitsstunden: Er mähte Rasen, machte sauber, half dem Jugendleiter und dem Hausmeister bei Renovierungsarbeiten.

Der Jugendgerichtspfleger sollte recht behalten. Der Jugendrichter sah bei der Verhandlung, dass wir bisher alle Schadensersatzforderungen bezahlt hatten, dass Marc sich bei vielen Geschädigten entschuldigt hatte und schon nach dem Vorschlag des Jugendamtes gemeinnützig arbeitete. So folgte der Jugendrichter dem Antrag des Staatsanwalts und verurteilte Marc zu einer ganzen Latte gemeinnütziger Arbeitsstunden. Diese sollten bis zum Ende der Sommerferien abgearbeitet sein.

Der Richter versicherte ihm, dass er nun nicht als vorbestraft galt. Wenn Marc aber wieder eine Straftat begehen würde, dann würde er bei einer Verurteilung als vorbestraft gelten. Außerdem fragte ihn der Richter: „Wie ist das eigentlich – deine Eltern haben ja die ganzen Rechnungen für dich bezahlt. Wirst du ihnen denn das Geld irgendwann auch zurückzahlen? Ich hoffe doch, dass du einsiehst, wie sehr deine Eltern zu dir stehen, und dass du jetzt hohe Schulden bei ihnen hast." Erwartungsvoll schaute er Marc an.

Marc brachte stotternd ein „Ja, ich denke schon" hervor. Mit solch einer Frage hatte er wohl nicht gerechnet. Mein Mann aber versicherte dem Richter: „Wir haben schon mit ihm darüber gesprochen und ihm erklärt, dass er uns einen Teil wieder zurückzahlen muss, wenn er sein erstes Geld verdient. Das erwarten wir auch von Marc."

„Ich hoffe, dass dies das erste und letzte Mal war, dass du hier bei mir warst, oder willst du so etwas noch einmal machen?", fragte der Richter, indem er Marc wieder anschaute.

„Nein", sagte Marc, „das war mir eine Lehre, so etwas werde ich bestimmt nicht wieder tun." Dankbar und erleichtert verließen wir den Gerichtssaal, uns war ein Stein vom Herzen gefallen. Es ging wieder einen Schritt vorwärts.

Nach Ableistung seiner Arbeitsstunden bekamen wir dann vom zuständigen Amtsgericht einen Brief mit der Bitte um Kenntnisnahme zugesandt. Es war der Beschluss, dass das Verfahren gegen unseren Sohn Marc mit Zustimmung der Staatsanwaltschaft endgültig eingestellt war, da er seine Verpflichtungen erfüllt hatte.

Ende Mai war dann bei uns die vorerst letzte Schadensersatzforderung eingegangen. Gott hatte uns in den vergangenen Monaten durchgetragen und uns immer wieder geholfen. Für uns war es einfach ein Wunder, dass wir alle Rechnungen bezahlen konnten.

Unser Haus haben wir behalten, wir brauchten auch keine Schulden zu machen. Jedes Mal, wenn eine neue Rechnung kam, hatten wir genug Geld, um den geforderten Betrag zu überweisen. Alles Ersparte war zwar in der Zwischenzeit aufgebraucht, aber es war für uns auch eine gute Erfahrung, wieder bei Null anzufangen und uns von Gott versorgen zu lassen. Wir hatten erlebt, dass Gott unser Versorger war und immer Mittel und Wege hatte, um uns zu helfen, egal, in welcher Not wir uns befanden.

Gott hat uns aber nicht nur finanziell versorgt. Er gab uns in dieser Zeit auch treue Freunde zur Seite, die uns durch Anrufe, Bibelworte, Besuche und Geschenke geholfen haben. Das war für uns sehr wichtig und ganz und gar nicht selbstverständlich. Wir erlebten, dass wir nicht allein waren, auch wenn uns manche Menschen durch ihr Verhalten sehr verletzten und enttäuschten.

Meine Gespräche bei Ute brachten immer mehr Licht in mein Leben und ich bemerkte, dass Gott angefangen hatte, mich innerlich zu heilen. Dazu entdeckte ich eine

Bibelstelle, die ich schon des Öfteren gelesen, aber nicht weiter beachtet hatte: „Mach den Raum deiner Hütte weit und breite aus die Teppiche deiner Wohnung, spare nicht; dehne deine Seile lang und stecke deine Nägel fest. Denn du wirst ausbrechen zur Rechten und zur Linken, und dein Same wird die Heiden erben und in den verwüsteten Städten wohnen. Fürchte dich nicht, denn du sollst nicht zuschanden werden" (Jesaja 54,2-4; Scofield Übersetzung). Sollte das etwas mit meinem Leben zu tun haben?

Erst als ich diese Stelle in meiner englischen Bibel las, ergab sie für mich plötzlich einen Sinn.

Dort hieß es sinngemäß: Denn du wirst bald aus allen Nähten platzen.

Das war ein Ruf an mich, in meinem Leben für etwas Raum zu schaffen, was noch nicht da war. Erst wenn der Platz dafür geschaffen war, konnte das Neue kommen. Das, was Gott in mein Leben bringen wollte, hatte bislang überhaupt noch keinen Platz.

Je mehr ich mich in diese Worte vertiefte, desto mehr verstand ich, dass Gott mir hier etwas Wichtiges für mein Leben sagen wollte. Ich sollte jetzt, wo es eigentlich noch keinen Sinn zu machen schien, in meinem Leben Raum schaffen für etwas, was Gott in mein Leben bringen wollte. Die Probleme, die sich mir dabei in den Weg stellten, waren nicht in meinen Umständen zu suchen, das Problem lag in mir selbst. Ich war noch gar nicht bereit, das Wunder, das Gott mir schenken wollte, zu empfangen, der Raum dafür war noch zu klein und voller Müll. Mir wurde klar: Der alte Müll muss raus! Das war der nächste Schritt.

Ich verstand, dass Gott Neues in mein Leben bringen wollte und ich jetzt die Vorbereitungen dafür treffen musste. Im Glauben musste ich jetzt vorwärtsgehen, es genügte nicht, die Worte Gottes zu hören. Ich muss sie auch ernst nehmen und tun, was er von mir verlangte.

Die Zeiten bei Ute wurden mir immer kostbarer, da ich immer mehr Altes fand, das in meinem Leben nichts zu suchen hatte. Es hatte mich lange genug am Ausdehnen und „Ausbrechen" gehindert. Jetzt musste es verschwinden.

Bei einer der nächsten Gelegenheiten brachte ich noch einmal das Gespräch auf den „Kasten" in mir. Ich erzählte Ute, dass ich das Gefühl hatte, eine Schlange liege um ihn herum, um ihn zu bewachen. Was hatte das zu bedeuten? Ich sagte ihr, dass ich an dieser Stelle einfach nicht vorwärtskam und das Gefühl hatte, hier sei die Lösung für mein Verletztsein zu finden.

Ute überlegte kurz und sagte dann: „Komm, wir beten einfach dafür, dass Gott dir zeigt, was es mit diesem Kasten und der Schlange, die um ihn herumliegt, auf sich hat."

Wir begannen zu beten, und sofort sah ich diesen Kasten wieder vor meinem geistigen Auge. Doch dieses Mal war er offen. Die große Schlange bewachte ihn. In dem Kasten wimmelten viele kleinere Schlangen herum. Ich fragte Gott: „Herr, was bedeutet dieser Kasten mit den kleinen Schlangen?" Es war, als ob ich immer wieder nur ein Wort hörte: *Missbrauch!*

Nach und nach kam die Erinnerung zurück. Zuerst waren es nur Erinnerungsfetzen, wie Puzzleteile, die sich langsam zu einem Bild formten, und ich wusste sofort: Das war der Schmerz in meiner Seele! Das war es, was mich so beschmutzt und verletzt hatte. Ich hatte es tief in mir vergraben und verdrängt, damit niemand etwas davon erfahren sollte. Im Unterbewusstsein war es aber immer da. Wie eine stetig eiternde Wunde vergiftete es über Jahre hinweg mein ganzes Leben. Ich sah alles wieder vor mir, so als ob es erst gestern gewesen wäre.

Wie alt ich war, weiß ich nicht mehr, aber ich war noch ein Kind. Die Kraft, mich dagegen zu wehren, hatte ich damals noch nicht. Erst später, als ich älter war, konnte ich mich aus den Klauen befreien, Nein sagen und weglaufen. Da wusste ich, dass ich das nicht wollte, und konnte mich wehren. War das etwa der Grund, warum meine Mutter später über mich sagte: „Die Erika, die schafft das schon"? Was wusste sie darüber? Hatte sie es etwa die ganze Zeit gewusst und geschwiegen? Vielleicht werde ich sie eines Tages danach fragen, wenn die Zeit reif ist.

Doch was sollte ich als Kind einem starken Mann entgegensetzen? Ich sah ihn wieder vor mir, sah sein Gesicht. Ich sah die Form seiner Lippen, roch seinen Atem und sein Aftershave. Ich habe diesen Geruch niemals vergessen. Noch heute wird mir schlecht, wenn ich diese Mischung aus Alkohol, Zigaretten und diesem Aftershave rieche, aber bis zu diesem Zeitpunkt wusste ich nicht einmal, warum mir von diesem Geruch schlecht wurde. Ich nahm es einfach hin, es war eben so. Seine Hände ekelten mich an und auch sie rochen nach Alkohol und Rauch, als er sie auf meinen Mund presste.

Ich hatte verstanden, ich durfte nicht schreien, nichts

sagen, nur weinen! Ich bekam keine Luft! Musste ich jetzt sterben? Nur noch Angst bestimmte mich, Angst und Panik. Warum?

Ich wusste, ich durfte niemandem davon erzählen, nicht darüber reden. Die Hand auf meinem Mund war deutlich genug. Wer sollte mir auch glauben?

Ich erinnerte mich auch wieder an den anderen Mann und an seine Hand, die über meinen noch kindlichen Körper strich, und wie er mich auf seine Knie setzte. Auch seine Worte hörte ich wieder in meinen Ohren.

Ich erinnerte mich wieder an den Tag, als ich schon ein Teenager war und die Schule geschwänzt hatte. An diesem Morgen war ich zu einer Bekannten gegangen, die krank war. Ihre Eltern waren nicht zu Hause, nur zwei Freunde von ihr waren da. Während die Bekannte mit dem einen Mann in der Küche saß, zog mich der andere in ein Nebenzimmer. Ob sie nicht wissen wollten, was geschah? Ich hatte keine Chance, mich gegen ihn zu wehren, und wurde sein Opfer. Wieder wurde ich eingeschüchtert und zum Schweigen verdammt.

Ich hatte diese Dinge wie in einem Kasten in mir versteckt, verschlossen und mir geschworen, dass niemand davon erfahren sollte. Dort lag der Kasten noch immer, und in ihm die Bruchstücke meiner Kindheit.

Jetzt stiegen mir Tränen in die Augen. Endlich war alles aus der Versenkung wieder aufgetaucht und es wurde ausgesprochen, was mich so viele Jahre immer weiter verletzt und mein Leben vergiftet hatte.

Als ich mich ein wenig beruhigt hatte, wollte ich wissen, was es mit der großen Schlange auf sich hatte.

„Herr, und was bedeutet die große Schlange, die um den Kasten herum lag?", fragte ich Gott. Noch während ich fragte, wusste ich in meinem Inneren die Antwort: Schon vorher hatte ich gespürt, dass diese Schlange wie eine Wächterin um den Kasten lag. Die Schlange sollte verhindern, dass es ans Licht kam, dass ich darüber redete. Ich hatte mir selbst geschworen, dass ich niemals erzählen würde, was man mir angetan hatte. Das war ein Schwur, und dieser Schwur war wie eine Wache vor meinem Gedächtnis und verschloss es für viele Jahre.

Ich erzählte Ute jetzt, was ich gesehen, gehört und empfunden hatte, und sie sagte: „Dann lass uns jetzt Gott fragen, was mit all dem geschehen soll."

Wieder begannen wir zu beten, und ich sah vor meinem inneren Auge die Kiste wieder, die Schlange war aber nun weg. Die Schlangen im Kasten waren noch da und der ganze Kasten war wie vorher vollkommen verschmutzt.

Wieder erzählte ich Ute von dem Eindruck. Sie fragte mich: „Was willst du jetzt mit dem Kasten machen?"

Das war eine gute Frage. Für mich kam nur eine Lösung in Frage: „Wegwerfen will ich ihn, ich will ihn nicht mehr sehen und will ihn nicht mehr in meinem Leben haben, ich brauche ihn nicht mehr."

„Komm, lass uns lieber Gott fragen, was er damit vorhat", entgegnete sie nur.

Wieder schloss ich die Augen und fragte Gott: „Herr, was soll ich jetzt mit diesem Kasten machen? Ich brauche ihn nicht mehr. Du hast aufgedeckt, was in meinem Leben versteckt war, und ich will das jetzt bearbeiten."

Einige Zeit saß ich mit geschlossenen Augen da, dann

sah ich vor meinem inneren Auge plötzlich etwas wie einen Wasserstrahl von oben, vom Himmel kommen. Der Strahl spritzte den Kasten sauber, und der Schmutz und die Schlangen wurden wie von einer Welle erfasst. Die Welle nahm sie mit in die Tiefe, und ich konnte sie nicht mehr sehen. Dann sah ich, wie eine Hand von oben aus dem Himmel kam. Der Kasten vergrößerte sich und wurde zur Schatztruhe. Die Hand, die vom Himmel kam, legte Juwelen und andere Schätze hinein. Dieses Bild war vollkommen real, wie zum Anfassen.

Wollte Gott mir damit zeigen, dass er meine Verletzungen in einen Schatz verwandeln wollte? Ich erinnerte mich wieder an den Vers aus dem Römerbrief: „Wir wissen aber, dass denen, die Gott lieben, alle Dinge zum Besten dienen."

Auch die Zeilen eines Liedes kamen mir in den Sinn: „Er gab mir Schönheit statt Asche, Freudenöl statt Trauer, er gab Lobgesang für einen betrübten Geist."

Einige Zeit später bestätigte Gott gleich zweimal innerhalb kurzer Zeit diese Bilder der Schatztruhe.

Ich war bei einer guten Bekannten zu Besuch. Es war Sommer, und wir saßen auf ihrer Terrasse, um miteinander zu frühstücken. Wir hatten uns einige Zeit nicht mehr gesehen, und so hatten wir uns viel zu erzählen. Es war ein gemütlicher und entspannter Morgen. Nach einer Weile deutete sie auf meine Perlenohrringe und fragte: „Sag mal, sind die Ohrringe echt?" „Nein", entgegnete ich, „die habe ich ganz billig gekauft." Mehr sagte sie nicht dazu.

Bevor ich wegfuhr, wollte ich ihr noch eine Telefonnummer aufschreiben. Während ich schrieb, ging sie kurz nach oben und holte etwas. Als sie wieder bei mir war, gab ich ihr die Nummer und wollte gehen. Sie aber streckte ihre Hand aus und legte zwei Perlenohrringe in meine Hand.

„Weißt du", sagte sie, „als ich dir vorhin gegenübersaß, sah ich deine Ohrringe, und Gott hat zweimal zu mir gesagt, dass ich dir diese Ohrringe geben soll, und eben noch ein drittes Mal. Ich will ihm gehorsam sein und ich denke, dass er dir damit etwas zeigen will. Es sind echte Perlen, siehst du, die glänzen ganz anders als die unechten."

Ich war sprachlos, zog sofort meine alten Ohrringe aus und die echten neuen Ohrringe an. Ja, ich wusste, was er mir damit sagen wollte: Mein Leben sollte wie eine Schatztruhe werden! Er wollte mich ganz reich beschenken.

Nur wenige Tage später bekam ich ein Päckchen von einer lieben Freundin. Sie hatte in ihrem Wohnort etwas für mich besorgt, was ich bei uns nicht zu diesem günstigen Preis bekommen konnte. Ich freute mich, als ich das Päckchen in der Hand hielt. Als ich es dann öffnete, sah ich das bestellte Teil. Sie hatte aber noch etwas für mich dazugelegt. Es war ganz klein und in Geschenkpapier eingewickelt. Was konnte das nur sein? Als ich es öffnete, bekam ich ganz große Augen: Vor mir lag ein Goldring mit wunderschönen Steinen. Ich war sprachlos!

Als ich sie später anrief, sagte sie mir: „Du, Gott hat mir schon vor einer ganzen Weile ganz deutlich gezeigt, dass ich dir diesen Ring schicken sollte, aber ich habe erst noch gezögert. Dann war sein Drängen aber so stark, dass ich ihn dir einfach eingepackt und mitgeschickt habe. Er will dir wohl zeigen, dass du etwas ganz Besonderes für ihn bist."

Ich spürte ein nie gekanntes Gefühl in mir aufsteigen, kostbar und wertgeschätzt zu sein. Gott setzte Menschen in Bewegung, um mich zu beschenken und mir zu zeigen, wie wertvoll ich in seinen Augen war. Ich konnte ihm nur danken, dass er mir so deutlich und auf eine mir verständliche Art klarmachte, wie sehr er mich doch liebte.

Noch vor wenigen Monaten hatte ich Gott gefragt, warum und wofür er mich bestrafte, und jetzt konnte ich seine Liebe zum Anfassen spüren. Ich fühlte mich nicht mehr abgelehnt, sondern von Herzen von Gott geliebt.

Mit der Zeit wurde ich ruhiger und ausgeglichener. Auch die Beziehung zu unseren Kindern und vor allem zu Marc veränderte sich spürbar. Ich war wieder voller Vorfreude auf das, was Gott noch in meinem und in dem Leben unserer Familie tun wollte!

Ich habe erkannt, dass nichts von dem, was uns getroffen hat, uns auch zerstört hat. Gott war bei uns jeden Tag, und er wird auch in Zukunft immer bei uns sein. Das hat er mir versprochen, als er mir die Verheißung gab, dass er alle Tage bis an der Welt Ende bei uns sein will. Das Wort „uns" schließt auch mich ein; alle Tage – das sind die guten und die schlechten Tage, oder, wie wir bei uns in der Familie zu sagen pflegen: „Das sind die Regentage in unserem Leben." Regentage aber brauchen wir genauso wie die Sonnentage, damit wir wachsen können. Manches Saatkorn in unserem Leben beginnt erst durch den Regen unserer Tränen Wurzeln zu schlagen und zu wachsen.

Als es sehr dunkel in unserem Leben war, kam mir ein

Lied zu Hilfe, das ich auf meinem CD-Player immer wieder abspielte. Der Text war in einer Zeit großer Not entstanden, und er gab auch mir Hoffnung:

Refrain:
„Gott zeigt mir den Weg,
wenn ich keinen Ausweg seh.
Bei ihm ist alles gut geplant,
besser, als ich je geahnt.
Gott zeigt mir den Weg.
Wenn ich nur ganz mit ihm geh
und meine Sorgen auf ihn leg,
zeigt er mir den Weg.
Gott zeigt mir den Weg.

Wie auf ebner Straße führt er mich durchs Dunkel.
Ich werde in der Wüste Wasser sehn.
Wird auch diese Welt vergehn,
bleibt sein Wort doch fest bestehn.
Er bringt mich sicherlich ans Ziel."
(Don Moen/deutsche Übertragung:
Gerhard Schnitter, Ute Orth)

Genauso haben wir es erlebt. Ich habe eine Lektion in Vertrauen gelernt und Heilung erfahren. Unsere Kinder haben falsche Entscheidungen für ihr Leben getroffen, aber Gott war trotzdem bei ihnen und wird auch in Zukunft bei ihnen sein. Menschen haben uns enttäuscht und konnten uns oft nicht helfen, aber Gott war immer da und hat uns geholfen, sodass uns diese Jahre der Not zum Besten gedient haben. Er hatte immer das ganze Bild unseres Lebens vor Augen und hat unerkannt die Fäden in der Hand gehalten. Er konnte aber erst Veränderung entstehen lassen, als ich aufhörte, mit meinen Mitteln zu kämpfen, und mich ganz und gar auf ihn verlassen habe.

Inzwischen ist mehr als ein Jahr vergangen. Nur noch einmal, vor wenigen Tagen, kam eine letzte Schadensersatzforderung, die wir auch begleichen konnten.

Marc schaffte es trotz Nachhilfe nicht, nach den Sommerferien in seiner Klasse zu bleiben. Aber er nahm es gelassen. „Weißt du, Mama", sagte er zu mir, „so ist es viel besser, da kann ich jetzt noch einmal von vorne anfangen. Außerdem habe ich so weniger Stress."

Er arbeitet wieder im Unterricht mit, und auch seine Noten sind wieder super. Mit seinen jetzigen Lehrern kommt er ebenfalls besser aus. Er hat einen sehr strengen Klassenlehrer, der von den Jugendlichen viel erwartet. Doch Marc tut dieser Druck gut, und er lernt wieder gern; es ist, als ob gerade dieser Druck ihn zu mehr Leistung motiviert. Er hat aus der ganzen Sache viel gelernt. Inzwischen geht er wieder aus dem Haus und hat auch neue Freunde gefunden. Er lacht wieder, und es hat den Anschein, als ob wir unseren Sohn wiedergefunden hätten.

Handball spielt er nicht mehr, das finden wir sehr schade, aber wir respektieren seine Entscheidung. Marc trainiert aber jeden Tag zu Hause, um fit zu bleiben. Eines Tages wird er auch wieder eine Sportart finden, die ihm gefällt.

Es macht uns allen wieder Spaß, zusammen zu sein, und wir freuen uns aneinander und lachen viel.

Auch ich gehe wieder bei Tageslicht spazieren. Ich zittere nicht mehr, wenn unser Telefon klingelt, und wenn uns ein Mercedesfahrer begegnet, frage ich mich nur manchmal noch, ob wohl dieser Wagen auch auf der Liste stand.

Ich besuche wieder Leute aus unserem Dorf, und es hat mich noch niemand auf Marcs Tat angesprochen. Wenn es aber jemand täte, dann könnte ich erzählen, was geschehen ist, ohne zu zittern. Wahrscheinlich haben die meisten Leute in der Zwischenzeit vergessen, was bei uns vorgefallen war. Schon längst gibt es wieder andere Dinge, über die geredet wird. Ich aber erzähle heute, wie Gott diese Situation in meinem Leben benutzt hat, um auch mich zu verändern. Ich erzähle aber auch, welche Wunder wir in diesen vergangenen Jahren erleben durften.

Es ist erst einige Tage her, da zeigte Gott mir auch, dass es jetzt an der Zeit wäre, meine Mutter mit dem Vergangenen zu konfrontieren. Ich wusste zwar nicht, wie ich das Gespräch mit ihr beginnen sollte, aber ich wusste, dass Gott mir die richtigen Worte geben würde. Während der Fahrt zu ihrem Wohnort war mir speiübel, aber ich wollte jetzt auch von ihr Klarheit haben.

Es wurde ein sehr harmonisches und offenes Gespräch, bei dem sich herausstellte, dass sie von dem sexuellen Missbrauch nichts gemerkt hatte. Zu sehr war sie damals damit beschäftigt gewesen, sich um das finanzielle Überleben der Familie zu kümmern. Dadurch blieb ihr nur wenig Zeit für ihre Kinder. Doch in der Nacht vor meinem Besuch hatte sie einen seltsamen Traum gehabt, der noch einmal wie eine Bestätigung für mich war.

Vor einigen Tagen, als ein schlimmer Sturm über unserem Land wütete, bat ich abends meinen Mann: „Komm, geh doch einmal mit mir im Dunkeln durch den Sturm."

Er ging mit mir, und während wir uns so durch Regen und Sturm kämpften, haben wir viel gelacht. Mit unserer ganzen Kraft mussten wir uns gegen den Wind stellen, und er schüttelte uns ziemlich durcheinander.

Hier und dort sahen wir, welchen Schaden der Sturm an Bäumen und Sträuchern schon angerichtet hatte. Zersplittert lagen Äste vor uns auf dem Weg. Wir sprachen unterwegs darüber, wie sich manche Menschen über Kleinigkeiten aufregen.

„Ja", sagte ich, „es ist noch gar nicht so lange her, da habe ich mich auch über jede Kleinigkeit aufgeregt und immer die Schuld bei mir gesucht oder mich abgelehnt gefühlt. Irgendwie habe ich mich dabei von Menschen abhängig gemacht und hatte Angst vor ihnen. Seit ich das alles aufgearbeitet habe, geht es mir viel besser. Ich glaube, ich habe mich verändert."

„Das hast du", bestätigte er mir, „und wie du siehst, lebt es sich so viel leichter und schöner. Das habe ich dir ja schon immer gesagt."

Wir gingen in der Dunkelheit durch den Sturm, wurden bewahrt und sind am Ende wieder gut zu Hause angekommen.

Der Sturm ist vorbei. Es ist wieder heller Tag.

Anhang

Einige Wochen, bevor die Polizei wegen Marc vor unserer Haustür stand, habe ich diesen Text über Jesus und den Vater aufgeschrieben. Lange war er danach vergessen, aber später hat er mir immer wieder Kraft gegeben.

„Ich bin der Weg für dich, mit mir kommst du sicher an jedes Ziel.

Ich bin die Wahrheit, ich werde dich nie anlügen, auf mich kannst du dich immer verlassen. Was ich verspreche, werde ich unter allen Umständen halten.

Ich bin das Leben, nur mit und bei mir kannst du wirklich erfülltes Leben haben. Wenn wir beide zusammenbleiben, wirst du auch im Tod noch Leben finden.

Ich bin das Licht der Welt, auch dein Licht, damit du alles aus der besten Perspektive sehen kannst. Mit mir kannst du alles besser beurteilen und vieles sehen, was den Blicken anderer verborgen bleibt.

Ich bin das Lamm, das sich für deine Schuld geopfert hat, damit du wieder Gemeinschaft mit mir haben kannst.

Ich bin der Fels, auf dem du sicher in deinem Leben stehen kannst. Mit mir zusammen stehst du mit beiden Beinen fest auf dem Boden. Da kann dich so leicht nichts erschüttern.

Ich bin dein Schild und dein Schutz. Ich schütze dich vor feindlichen Angriffen, und manchmal auch vor dir selbst. Bei mir bist du immer sicher und auf der Seite des

Stärkeren, weil ich auf Golgatha den Feind, der dich bedrängt, ein für alle Mal besiegt habe.

Ich bin deine Burg, auf die du dich immer retten kannst und auf der du Schutz und Hilfe und Ruhe bekommst. Hier bist du immer sicher.

Ich bin der Herr der Heerscharen, mit mir bist du immer in der Mehrzahl. Habe vor nichts und niemandem Angst, ich bin an deiner Seite mit meinen Engeln. Du brauchst nicht alleine zu kämpfen, ich schicke dir Hilfe.

Ich bin der Erstgeborene von den Toten. Ich habe für dich den Weg in ein ewiges Leben frei gemacht. Du wirst leben, auch wenn du stirbst.

Ich bin das lebendige Wasser, bei mir finden dein Körper und deine Seele immer Erfrischung.

Ich bin das Fundament, auf dem du dein Leben aufbauen kannst.

Ich bin ein wunderbarer Ratgeber. Wenn du Fragen hast, egal welcher Art, dann komm doch zu mir, ich kann dir immer weiterhelfen.

Ich bin der Herr, dein Arzt. Ich kann und will alle deine körperlichen und seelischen Gebrechen heilen. Alle deine Schmerzen will ich lindern, und was verletzt ist, will ich verbinden. Ich will mich um dich kümmern.

Ich bin der König, und du bist mein geliebtes Kind. Ich habe dich rechtmäßig zu meinem Erben ernannt und kröne dich jetzt mit Gnade und Barmherzigkeit. Vergiss es nicht: du bist jetzt ein gekröntes Königskind und fähig, über alle Widrigkeiten deines Lebens mit mir und durch mich zu herrschen.

Ich bin der gute Hirte, der sich aufopfernd um seine

Schafe kümmert. Ich passe auf dich auf, dir wird es an nichts mangeln. Von mir bekommst du nur das Allerbeste und Frischeste. Nichts wird dich aus meiner Herde rauben, und du brauchst auch vor nichts Angst zu haben, ich beschütze dich. Solltest du dich einmal verletzen, dann werde ich dich nach Hause tragen, deine Wunden verbinden und dich pflegen, bis du wieder gesund bist. Jedes Schaf in meiner Herde ist mir so unendlich wichtig. Ich kenne jedes einzelne beim Namen und weiß genau, welche Stärken und Schwächen es hat. Auch dich kenne ich ganz genau und weiß, was gut und wichtig, aber auch, was schlecht für dich ist. Ich liebe dich!

Ich bin der Herr, dein Friede. Nur bei mir kannst du zur Ruhe kommen. Bei mir findest du einen Frieden, den du nirgendwo auf der Welt bekommst. Mein Frieden ist einzigartig.

Ich bin der Herr, deine Gerechtigkeit. Durch mich bist du in alle Ewigkeit gerecht gesprochen, und für alle, die in mir bleiben, gibt es keine Verdammnis mehr.

Ich bin der Herr, dein Versorger. Du brauchst dich um nichts mehr zu sorgen, gib mir deine Sorgen, und ich sorge für dich in allen Bereichen deines Lebens. Nichts ist mir unmöglich. Bitte lass mich für dich sorgen.

Ich bin dein Vater, der dich liebt. Komm, ich möchte dich in meine Arme nehmen und dir zeigen, wie lieb ich dich habe. Du bist etwas ganz Besonderes, etwas ganz Einmaliges. Du bist von mir gewollt, so wie du bist. Ich habe dich ausgedacht, deine Ohren, deine Augen, deine Haare, deine Hände, deine Füße, deine Beine, deine Stimme, deine Haut und auch dein einzigartiges Lächeln. Sogar deinen eigenen Fingerabdruck habe ich dir gegeben, den niemand sonst auf dieser Welt hat. Jeden Muskel an dir habe ich mit viel Sorgfalt gestaltet, und dein Gehirn funktioniert viel besser als der beste Computer auf dieser Welt. Du bist von jeder Faser meines Herzens gewollt und kein Zufallsprodukt.

Schon von Ewigkeiten her habe ich mir genau überlegt, an welchem Tag, zu welcher Stunde und von welcher Mutter du geboren werden solltest. Schon im Bauch deiner Mutter habe ich dich gesehen, und als es dann so weit war, dass du geboren wurdest, da habe ich gejubelt: Wie schön du doch bist!

Ich sehe dich in deiner Schönheit und sehe dich mit meinen Augen.

Ich möchte dir noch so vieles geben. Komm zu mir, deinem Vater, ich habe noch ganz viel für dich bereit. Ich liebe dich von ganzem Herzen, und meine Arme sind weit ausgebreitet, um dich aufzufangen, zu drücken und zu tragen. Ich will dir all meine Liebe geben."

Danke!

Ein ganz herzliches Dankeschön gilt meinem wunderbaren Mann und meinen tollen Kindern. Ohne eure Zustimmung und Ermutigung hätte ich dieses Buch nicht schreiben können. Ich bin sehr dankbar, dass ich euch habe und mein Leben mit euch teilen darf. Ihr habt mein Leben reich und keinesfalls langweilig gemacht. Mit euch war es zwar nicht immer einfach, aber dafür sehr spannend. Wahrscheinlich geht es euch mit mir genauso. Ihr seid in allem meine stärksten Kritiker und meine größten Ermutiger. Ich liebe euch!

Danke auch meiner lieben Mutter, die sehr viel für uns Kinder auf sich genommen hat. Danke, Mama, dass du auch jetzt in deinem Alter noch die Offenheit hattest, um mit mir Dinge aus meiner Kindheit aufzuarbeiten. Danke für all deine Informationen, deine Mithilfe und deine Liebe. Ich werde sie dir nie vergelten können.

Danken möchte ich auch meinen Freunden aus dem Hauskreis, die mich ebenfalls zum Schreiben ermutigt haben. Vor allem Reiner, der mich durch sein Berufungsseminar erst auf die richtige Spur gebracht hat.

Danke auch, Gottfried, für deine Ermutigung, nicht aufzugeben.

Gary Chapman / Randy Southern

Die fünf Sprachen der Liebe für Familien

400 Seiten, gebunden,
ISBN 978-3-7655-1970-3

Für ein stabiles und liebevolles Familienleben ist es von grundlegender Bedeutung, die Sprache der anderen zu lernen, zu verstehen und zu gebrauchen, die direkt zu deren Herzen führt: die individuelle Sprache der Liebe. Der bekannte Familienberater Gary Chapman nennt fünf entscheidende Faktoren, die helfen, ein gesundes Familienleben zu entwickeln:

- Eine auf das Wohl aller bedachte Haltung der Eltern.
- Nähe zwischen Mann und Frau.
- Den Willen der Eltern, Maßstäbe zu setzen.
- Kinder, die den Anweisungen ihrer Eltern vertrauen und sie achten.
- Männer, die Verantwortung für die Familie übernehmen.

BRUNNEN VERLAG GIESSEN
www.brunnen-verlag.de

Claudia & David Arp

Und plötzlich sind sie 13

oder: Die Kunst einen Kaktus zu umarmen

240 Seiten, gebunden,
ISBN 978-3-7655-1858-4

Jugendliche zwischen 13 und 16 sind so ausgeglichen wie ein Jojo und so zugänglich wie ein Kaktus, sie hausen in einem Chaos, das sie ‚mein Zimmer' nennen und tauchen dreimal am Tag auf, um etwas Essbares hinunterzuschlingen und die Familie anzuknurren …

Die Teenagerzeit – keine latente Dauerkrise, sondern eine einmalige Gelegenheit für Eltern, den Weg ihrer Kinder zu Verantwortung und Selbstständigkeit bewusst zu lenken. Claudia und David Arp zeigen in praktischen Beispielen, wie Eltern ihre Kinder als „Ermutigungsteam" unterstützen und begleiten können.

Lernen Sie, die Teenagerzeit für sich und Ihre Kinder bewusst zu gestalten: durch Hinsehen, Unterscheiden, Loslassen, Entspannen …

BRUNNEN VERLAG GIESSEN
www.brunnen-verlag.de

Wilfried Veeser

PEP 4 Teens

Das Positive Erziehungs-
Programm für Eltern mit
Kindern zwischen 12 und 17

176 Seiten, Paperback,
ISBN 978-3-7655-6454-3

Das PEP-Programm konzentriert sich auf wenige, leicht umzusetzende Elemente:
- Bejahen Sie Ihre Zuständigkeit als Eltern bzw. Erziehende.
- Fördern Sie positive Beziehungen in der Familie.
- Fördern Sie Verbindlichkeit und Konsequenz.
- Vermitteln Sie Werte durch Ihr Beispiel.
- Sorgen Sie als Eltern gut für sich selbst.
- Sorgen Sie für eine sichere Bewältigung des Alltags.
- Bleiben Sie in Ihren Erwartungen realistisch.

Mit PEP lernen Eltern, die Entwicklung ihrer Kinder ihrem Alter gemäß zu fördern und viel Stress aus den alltäglichen Spannungssituationen herauszunehmen. Durch eine veränderte Grundhaltung wird der Aufbau einer guten Beziehung möglich und Erziehung kann gelingen.

BRUNNEN VERLAG GIESSEN
www.brunnen-verlag.de